城市行走书系
策划：江岱、姜庆共

文字：石磊
摄影：周祺、石磊
插图：周祺

责任编辑：罗璇
书籍设计：周祺

特别鸣谢：
高源伸、高平、杨玮、
红朵尔、吕炜、清水耕助、
胡文杰、刘昊星、张渊
城市山民

第 2, 3, 4, 5, 6, 11, 12, 13, 46, 48, 84, 85, 98, 111, 119, 133, 154, 156, 160, 161 页
为石磊摄影

同济大学出版社
TONGJI UNIVERSITY PRESS

日本手信物语

石磊 著

同济大学出版社
TONGJI UNIVERSITY PRESS

银座百货店梅雨季节的中庭

如诗的和纸

目录

仓敷民艺馆陶艺

鹤冈八幡宫——镰仓的华丽舞台剧

东京杂货店内

清欢一场

爱着日本的美

新与旧

日本的旧，是千年的手指缝中漏下的沙砾，一把细碎，还是耀眼。它的旧，有时候是大半座城，京都、奈良、金泽、镰仓……有时候只是一座寺院、一个茶碗、一匹暖帘。

这些旧城、旧物也不是博物馆里的古董，它们和簇新的时代一起在阳光下发亮，蒙着微微飞起的时间的尘。

新与旧有时隔着千年、百年，有时只隔着地上一条斑驳的铁轨，或者天空里寂寞的蜘蛛网电线下的街道。

在这种旧的内里，依然有一种遥远而亲切的伤愁，仿佛来自几百年前人的心里。

洋与和

在这里，它们之间最近的距离在一碗茶和一杯咖啡之间。

自遣唐使将中国茶种带入日本后，茶道有七百多年厚重的历史。咖啡却很轻盈，明治维新前后才从欧洲进入日本，至今不过一百五十年。而咖啡和茶的地位在日本权重相当。就是京都这样古意深厚的地方，还是会被称作“早晨，是从一杯咖啡开始的”。和咖啡店一样多的寺院里，茶寮也是三步一家，五步一店。在烂漫的烟火气和清净颂咏里，咖啡和茶仿佛从来没有过空间的隔阂，生来就相安无事。

清寂与华贵

茶道中插花永远是单表一枝，茶器也是独有的粗粝的陶。清寂的美，是日本古典审美中最精髓也最难理解的一道题。

金碧辉煌的华丽皇室诞生过最简素的千利休茶道。一地凋谢的樱花依旧有决然一别的美艳，坐拥火山地震的民族至今对自然有无限的敬畏，又对俗世人生有无畏的勇气。

华贵是美，清寂更美。他们的文化史上说，日本的美重视内在的雅致，胜于外在的辉煌。

创新与传承

那些历史的旧，累积如山麓一般，也会雪一样化融。西方文明潮流，经过日式搅拌器，混合了添加物，才被调理得如同一瓶原创的汁水。

一面是把旧的传下去，一面还得在旧的废墟上抽发出新的枝芽。六百年历史的“千家流”茶会可以在村上隆的当代艺术工作室举行；古画可以和牛仔裤同堂一叙；百年老店可以把和果子的赤豆馅拿出来，作为西式糕点的蘸酱；山口蓝的“茶屋少女”里看得到浮士绘的面影；三宅一生一块布的立体裁剪，灵感和传统的一块包袱皮的距离又是多少？

世间这样的美。清欢一场，恋过爱过。

2016.10 于上海

莲

日本设计大师柳宗理的经典之作蝴蝶椅

和纸提灯

请先阅读

本书的 50 件物，和以下 5 种生活方式有关。

混搭：新旧、和洋、传统，以及未来的并存感。

设计：心思穷极的生活美学，精进专注的职人精神。

禅意：清简素朴的审美，雅致本色的自然呈现。

季节：尊重节气，敬畏自然。

改造：旧物弥新，不轻易舍弃。

『治一郎』家的二十四层年轮

和洋融合的点心

艺文系

无印良品

感觉，这两个字始终是我的一大软肋。喜欢上某个品牌，有时只是因为某一次多看了一眼店头的橱窗，有时只是因为喜欢这家店铺放的音乐。无论如何，我固执地认为这些都是产品的独一属性，合适自己的始终是最好的。

喜欢MUJI已经许多年，缘起依旧非常意外。2005年，无意中看到MUJI的一张海报——京都国宝银阁寺的书院同仁斋的摄影作品。日光淡淡的，阴翳深重，和纸移门宁静端正，半开的窗户连着枯山水庭院，洁净的榻榻米上，只有MUJI的茶碗，和室的深侧是埋在浓重阴影下的茶室。这张接近“空”的海报，让我有着太多的联想：旅行中的奈良郊外、川端康成小说《千只鹤》里流转几代人的茶碗。室町时代足利义政和“茶道之祖”村田珠光的茶道之间……整张海报的阴翳有着难言的孤独和宁静的交集，像日语里的“侘寂”这个词，精微地表达出时间在古物上的独有气场，寂静的、美的、孤独的。

海报上那只MUJI的茶碗，在格子门过滤后的光线中，看起来如茶室里的原物一般，经过了流年的磨损，在阴影里像古董一样闪着暗光。

这种阴影里的美，这种侘寂，也是谷崎润一郎《阴翳礼赞》中推崇的日本独特的古典美。所以一直喜欢着MUJI产品里永远暗暗的黑白灰调子，天然质地的柔润或者粗粝，设计单纯素朴，形态宁静。也经常能找到许多20世纪80年代式样的服饰，可那种复古没有时尚刻意设计出来的一种姿态，只有在穿上时能感觉到时间的流逝。

但MUJI的好看，又不是一味古老。在有乐町旗舰店MUJI的样板房，经常播放建筑家冈部宪明居住的，看得见海和电车的MUJI“窗的家”的录像。房间是小小的，整幢建筑的四周墙壁有七八个窗户，它们是一个个天然取景口。从房子里处处能看到自然，取名“窗的家”摆明的还是日本传统大屋和庭院的审美意识，但外形又利落简单，十分摩登。

许多年前买过壁挂式CD，是至

今常年好销的设计经典。深泽直人借此获得了当年 GOOD DESIGN 大奖。CD 机挂在墙面的设计颠覆认知。机身浅色调，全裸风扇型转盘，挂绳式开关。周末晨起，偶尔会有些微乡愁，以为身处异乡某家旅馆，放些很老的歌，全裸的 CD 唱片转动，是可以从日常琐碎生活中隔离出去的一些时光。

虽然 MUJI 一开始就不强调设计师本人风格，可总有田中一光、深泽直人、杉本贵志、原研哉这些名字相伴。在 TOKYO MIDTOWN 中心，最富创意的 MUJI 实验层出不穷。难怪 MUJI 在 80 年代初登场时，只是强调价廉物美的西友超市品牌，如今却成就为现代日本生活设计最大的实验室。

推荐：壁挂式 CD 机
场所：東京都千代田区丸の内 3-8-3，無印良品有楽町店
交通：有乐町站（山手线／有乐町线）

山口蓝：
山巅的茶屋系列

第一次见到山口蓝的新浮世绘，是在那家游轮一样华丽的高级百货表参道ヒルズ的画廊里。地上三层、地下三层的安藤忠雄风格，每间店铺都是红尘繁花里的晃眼璀璨。转去副楼，另一番风景，同润会——当年关东大地震后第一幢集体住宅，被安藤忠雄原样保留下来。整幢楼还住着二十五家原住民，像是一起出嫁的厚重无比的古董嫁妆。素朴的同润会二楼，有驻店画廊的设计品小店。我在店里买了山口蓝设计的包装罐和“山巅的茶屋”明信片。山口蓝笔下的“茶屋少女”们，有时赤裸着无性别上身，只下身裹一条明艳的裙子，有时又着密密实实的和服，留一截雪白无比的颈脖。身段、姿态是那样的一种纯真的性感，脸蛋却似当代日本卡通书里最

常见的绿松石大眼少女。

完全不知道她们到底是从哪个时空而来，却有些许的眼熟，这种身份不明又自成一个世界的人物气味，正是山口蓝最初吸引到我的地方。

在阿部次郎的《德川时代的文艺与色道》里读过，德川时代市民文化的核心地带是被称为“游廓”的妓院和戏院，当时戏院演出的“歌舞伎”许多也含情色成份，被称作江户文化的“恶之花”。江户多产戏曲作家近松门左卫门写过缠绵的《夕雾阿波鸣渡》，茶屋*、游廓的存在让浮士绘大师铃木春信画出了《青楼美人》、喜多川歌磨画出了《青楼十二时》。这些作品之所以在江户文化史上占据特殊地位，除了具有我们熟悉的日本古典审美中“物哀”“幽玄”“孤寂”的特点外，还蕴含了我们不熟悉的日本文化自创的“意气”(iki)——从江户时代游廓（妓院）、戏院中产生，以身体审美为基

础，在被称为“太夫”的高级游女、戏剧名优和洒脱的风流客身上体现出的个人魅力和艺术修养交融的独特气质，另一个代表日本趣味的重要审美观念。

山口蓝创造的“山巅的茶屋”系列，从那些年代、身份不明的“茶屋少女”身上我们可以联想起代表“意气”趣味的江户青楼女子的影子，她们点茶、造园、舞蹈、梳妆，以美的容颜和技艺修养成为当时市民追逐的风尚人物。而漫画般美少女绿松石的眼神里又混合着当代孩子独有的不安、警惕、内心的不确定和茫然，是独特的人物系列创造。

“山巅的茶屋”系列在材质上的勇敢尝试也让人兴奋。山口蓝，读的是工艺纺织面料设计专业，她把丙烯颜料泼洒在帆布上，在上了银漆的木头上，在涂了金粉的贝壳上，还有在褶皱的阿波纸、美浓纸和传统手工折纸上，在本色木纹桶上……画她的各种茶屋少女，有些是画和装置的配搭，有些是连续故事性的，有些只有头像，构思上许多的出乎意外。

再去东京的时候，特地去了同润会的那家画廊小店。那年正是超级婆婆草间弥生和 LV 的合作年，小店里都是弥生婆婆耀眼勾魂的波点，清丽又复杂的山口蓝“茶屋少女”失去踪影。山口蓝后来因为参与了日本化妆品牌植村秀的洁颜油瓶身的设计，被时尚圈熟悉，“新江户”风潮一时在世界各地汹涌再起。

推荐：“山巅的茶屋”糖果盒
场所：東京都渋谷区神宮前 4-12-10，表参道ヒルズ同潤会，二楼画廊
交通：原宿站（山手线）步行 10 分钟；表参道站（银座线）步行 2 分钟

*日本从中世纪开始到近现代一直存在的提供茶点和休息的场所。但这里的茶屋是特指江户戏剧作家近松门左卫门作品中提到的“色茶屋”。

ganryukotobuki, 2000
acrylic on wooden bucket
8⅛ in. diameter x 2⅝ in.

和果子画廊

在京都的时候，看到许多店铺挂着暖帘。到了夏日里，就换成凉薄的那种，纯素色，也有直接印上铺名的。帘子掀动的时候，才可以看到店铺里的人影，但并不真切。暖帘几乎成了旧时代里一个老铺最过硬的标志。

在东京这样的暖帘很少见了。那一天在摩登的TOKYO MIDTOWN中逛了大半天，在底楼突然看到了印着とらや（虎屋）的藏青色暖帘。

这家老铺的设计请了六本木与表参道 TORAYA CAFÉ（虎屋咖啡）的设计师葛西薰。葛西先生长期为三得利乌龙茶广告操刀，近年成功设计的 TORAYA CAFÉ 更是引人注目。这家店也不例外，是与传统暖帘碰撞的现代简洁风格，内墙面由设计感强烈的白色瓷砖铺成。

老铺虎屋，有四百五十年历史的和果子店。和果子的形、色、态，像是京都的古雅女子，有着女子万般思量后走出来的精致，端的是古美人可远观不可近亵的高贵。再看和果子的名字，到今日，还留着“初雁”“寒红梅”“空之旅”“新绿”那样从厚厚古书本里走出来的雅致和诗情。

这家虎屋照旧有卖冰清玉洁的招牌羊羹、细腻香滑的樱花红豆糕、可爱的玉兔馒头……而店铺的另一侧被设计成画廊，TOKYO MIDTOWN 开业六年来，这里用三分之二的空间，策划过“日本纸的型”“夏日和果子与玻璃器物”“唐纸的美”“月亮与农历”“茶的悦情”“和扇”“虎屋的樱花”“日本的老玩具”“京扇子”等主题展览。

画廊中还有许多和果子的周边设计品。我喜欢的是自 1918 年保留下来的和果子二十款纹样的“一笔笺”复刻款。日本文具中便笺最多，通常的便笺也用考究的和纸，美浓和纸、阿波和纸或者红花纸、金流纸。在美得心跳的纸上印着一百年前的和果子的纹样，看得出来，和果子的灵感多来自四季。春花，夏月，秋叶，冬雪，每一个季节里都有细微的情绪变化。摩挲淡雅的图案，想象职人用心的劳作。他们在每个节气中观察每一片树叶、每一朵花瓣、每一道海浪、每一回月相变化的情绪，有感在心，再创作出每一个和果子。

如果只一味延续五个世纪的时光，虎屋也只是传统路上的守夜人。事实上，虎屋三十年前就在巴黎一区开出了 TORAYA，羊羹、抹茶蜜豆冰、红豆糕，让吃惯甜品的法国女人也爱慕东方的味道。最近，又在六本木和表参道开出了西式的 TORAYA CAFÉ。

在六本木的 TORAYA CAFÉ 尝过 AN PASTE PLATE 套餐。有三个英式小松饼，一杯上层是红豆沙、下层是牛奶洋菜的慕斯。三种涂抹酱，与和果子的内馅相同，分别由糖蜜和李子干、绿豆粉和小果子、白芝麻和黄豆粉调制而成，可以涂抹松饼，东京的魂，巴黎的形。

奶腻留香齿间的西式甜品让我宠爱，但和果子依然是我心中独一无二的，它是四季的灵魂，慢慢细品，像在口中吞下了带着季语的俳句。

推荐：虎屋和果子便笺
场所：東京都港区赤坂 9-7-1，東京ミッドタウン一楼，とらや（虎屋）
交通：六本木站（大江户线 / 日比谷线）

三宅一生

2012 年在东京新地标“东京天空树”，看到 ISSEY MIYAKE 专柜的 BAOBAO 系列时，心下生喜。当年秋季花园主题手袋，来自品牌新生代 KIYOSHI KURODA（黑田洁）的设计。材质依旧是品牌近年一直偏爱的聚酯，切割成四个小三角形，再组成正方形的袋面设计，让这手袋在任何位置上都可以变化出独有的自然折叠的酷感，这个独特的可以折叠的手袋，在我看来就是三宅一生概念实验室轻级别的作品。手袋的设计灵感应该来自日本最传统的折纸，最惊叹的承继就是这种看不出具体意象而融入当代设计，在抽象层面上做到的创新。之后三年这个手袋忽然成为中国包袋流行品，而花园主题系列从此竟成为绝版设计，实在是意外。

三宅一生与巴黎时装界另外两位日本大佬山本耀司和川久保玲齐名。但不管与多少大师为伍，他的风格总是让人能一眼认出。三宅永远是一个彻底的革命者，创造出了浓烈东方禅意和未来感并存的一系列概念之作。服装在他已经不是实用的穿着，脑洞大开和视觉的表达才是更重要的。

老顽童还在日本多摩美术学院读书的时候，就是天生反骨的破坏王和创造者。课余总是在 20 世纪 40 年代日本著名随笔家、古董收藏家白洲正子的店铺里游逛，喜欢买日本老布丹波木棉，做成西式百慕大短裤。正子先生还笑话他，这么瘦弱的身子还想在竞争激烈的时尚设计界出头。结果没过几年，三宅一生就在纽约时装周惊人亮相。

从 70 年代在纽约时装周崭露头角，到如今年逾七旬，三宅一生文雅外表下那颗爱折腾的心没有平息过。最轰动的跨界大制作是 1998 年他和蔡国强的“爆炸时装”，恢弘粲然。百余件服装被绑上炸药，数百万美元的衣服在烟花之下面目全非，破衣烂衫被迅速送到工厂，重新再加工。如此重量级的玩酷设计，引发的争议从来也是暴风骤雨级的，喜欢他的骨灰粉丝尖声叫好，不喜欢的只骂噱头、无耻。

从最初的褶皱系列，到最近几年开发的未来感浓郁的 132 5. ISSEY MIYAKE，三宅一生总是念念不忘拿服装做游戏，做概念，求视觉效果。褶皱让熨斗广告无语；132 5 又大玩折纸模型和空气感，2008 年在巴黎推出时，成为人气话题。这两年羽绒服界的轻、软、可折叠，灵感都是来自三宅一生的设计。

有一次去 TOKYO MIDTOWN，看到一片青翠的草地中的 21_21 DESIGN SIGHT，远远一眼就能认出来，折纸般的屋顶，是融合三宅一生标志性的“一块布”裁剪理念。里面展览策划概念来自著名设计师深泽直人，“展示的不是我们已经认知的设计，而是用设计的视点重新解释生活中的一切”。

在法国的日本设计大师里，KENZO（高田贤三）最彻底，一开始就急着与日本划清界限。山本耀

司依旧是长袍加身，仙风道骨，大红的年轻副牌 Y-3 已经少了日本的味道。川姐这两年越发前卫，气场强悍。而三宅一生还一边收集着日本宫城县白石城十五代城主最古老和纸做的和服，一边开发着未来感十足的 135 2，以及乐高积木般酷感的 BAOBAO 系列。真像他在《三宅一生の発想と展開》（平凡社，1978）里说的，“我可以在日本菜里找到鹅肝和蜗牛，这就是我看事物的方式。”

这种看世界的方式，是东方遇到西方，是当下和未来交叠。他的经典褶皱装可能被大众“时装精”误会为大妈的服装，其实是时装界先锋人士的气质之选。

推荐：ISSEY MIYAKE BAOBAO 系列包袋

场所：①東京都墨田区押上 1-1-2，東京スカイツリー，三楼；②各大百货公司 ISSEY MIYAKE 专柜

交通：①浅草站（银座线／浅草线）步行 15 分钟，或换乘東武スカイツリーライン（东武晴空塔线）至東京スカイツリー駅（东京晴空塔站）

和纸

每日里微信、微博、QQ、电邮已经彻底攻陷了我们的城，霸占着我们呼啸奔腾的日子。

每年的某些夜里，或月朗云淡，或火树银花，我却是无论怎样都不肯把自己交给键盘的。

挑一本便笺，挑一些信纸，一页页翻看过去，春夏秋冬里的花、树、鸟、叶都在这里面了。粉花初放的信纸、月下夜樱的便条纸、枝垂柳放的明信片、双面印诗的古法染笺纸……

因为喜欢和纸，爱上了和纸做成的信纸和明信片。柳宗悦的《日本手工艺》中谈到和纸时，说日本至少有十个以上地方保持着这项公元七世纪从中国传到日本的古老工艺的制作传统。最有名的有土佐、美浓、越前、阿波等地，品类有百种之多，色彩纹理丰富。历史悠久的和纸现在还有手工生产的，手工

美濃和紙
岐阜県武儀郡武芸川製
一筆箋
彩彩
ペン・毛筆両用 三十枚入り
木立
こだち

纸依然以雁皮树、楮树、三桠树为原料，是高级书写纸，极其珍贵。

我常去逛池袋的“紙のたかむら”和纸店，墙上挂着的每一种和纸可以让我魂飞魄散——和纸和西洋纸的触感完全不一样，肌理柔和，没有西洋纸的亮光，真如初雪霏微，光线像是全部吸到了纸里，手感柔软，娴静温淑，一张纸也可以看见遥远的时光。和纸中的艺术纸又像土地一样丰饶。纹样有秋林杉树的落叶、春日园里的红花；还有清酒过滤后酒糟和闪烁黄金嵌在纸里，纹理奇趣。艺术纸用来包装是一等好货色。

在东京年轻人爱逛的 LOFT 里，一年四季都有不同主题的信纸、明信片专柜售卖。春季有各色樱花，夏日有玻璃风铃、钓金鱼、花火大会等日本传统风情，中元节又有月兔、羊羹、月亮图样的。店里常有许多女性在买卡片，柜台上还布置出手写体印刷的明信片，毛笔、钢笔小楷，秀丽清雅。我手边有一本樱花便笺，最考究的是扉页上日语问候语“头语和结语”的对照表。初次见面、回信、有急事的时候，该怎样遣词用字，细致周全。每年十二个月根据相应的节气提示问候语，就像我们的农历二十四节气。二月，古称“如月”，是“向春的节气”；八月，古称“叶月”，是“暮夏的节气”……东京人还十分安分守着时辰过日子，春日赏花，夏日听虫，秋日踏叶，冬日邀雪，时光流转，日本人审美中对自然的敬畏、喜爱一无改变。

在电脑上或手机上用 PS 设计卡片，键入问候，然后直接一点，发送出去。写信与此最不一样的就是和纸的触感。触感是 PS 的各种滤镜效果做不出的，触摸中有手工艺人的温度，像手握寿司一样让我难以割舍。

网络如此发达，手写卡片的人也越来越少。不过这十年来，去东京 LOFT 许多次，每年都有不同的信纸、明信片设计生产出来，那些古旧时光依旧在微微闪光。

亲爱的女友们个个都在现世红尘里翻腾拼搏，我在灯下写信的时候会想，在上海这样杀气腾腾的地方，再手写书信、明信片能寄给谁去呢？

推荐：和风信纸
场所：東京都豊島区东池袋 1-1-2，紙のたかむら
交通：池袋站（山手线）步行 5 分钟

小城大美

推荐：陶瓷项链
场所：岡山倉敷美观地区
交通：东京站换乘 JR 新干线のぞみ（Nozomi，意为“希望号”）至冈山站，再换乘山阳本线至仓敷站步行 15 分钟

都说女子要有几件压箱底的首饰，有的是家传，有的是初恋男友赠送，也有订婚礼。我有一件宝贝陶瓷项链，是第一次独自日本旅行的纪念。

当时去濑户内海上的直岛需要在 JR 冈山站转车，火车经停仓敷站，看到一个广告，说仓敷的美观地区（风景区）是“国家传统建筑物保护区”，就直接下车去了那里。

仓敷靠近濑户内海，从江户时

代起就是德川幕府的粮食集散地，当地有一百多间粮仓。“倉敷”两字来源于“倉敷地”，在日语中就是仓库用地的意思。不足0.3平方公里的美观，一个小时就可以走完。白色外墙、木质格子门，有三百多年历史的建筑四周都贴上了防火防潮的灰黑小瓦。外街很热闹，一个转角就是后街，那里游客很少。江户时代传统的和服店、米桶、和果子店、酒亭、手工作坊像电影外景地，却真真实实地开门迎客，全日本屈指可数的百年手工提灯店在这里就有一家。天空中电线密布，天气很晴朗，乡愁还是从每一条地缝里升起来。这是三百年老街自己的乡愁。

我在这里看过老街，也看了排名全日本第二的民艺馆。一万多件藏品重新混搭，还原成日本家庭的生活场景。馆长外村吉之介先生介绍：“我们的藏品不是按照生活品的地区、时代、功能展出的，这些藏品已经不是一个个单语、不是散文。有选择的单语是诗歌，是重新创造的美。”

除了民艺馆，有垂柳、小桥、运河的仓敷，还是日本近代纺织业的重镇。小小的仓敷美观地区还有日本最早的地区级近代西洋美术馆——大原美术馆，1930年由当地的纺织巨头大原孙三郎赞助画家儿岛虎次郎去欧洲购得名画后建成。

入口两侧是镇馆之宝，罗丹高达两米的雕塑《圣徒约翰》和《加莱义民》，馆内珍藏着格列柯的《受胎告知》、莫奈的《睡莲》、高更的《美妙的大地》和康定斯基等近现代画家名作。

从20世纪30年代开始，这里就奢侈地拥有了三百多幅世界级藏品，而仓敷是只有三四条小街，在一小时内能走完的水乡小镇。当年当地的实业家向海外巨无霸式地收购西洋美术作品，对仓敷原住民是何等丰厚的一份馈赠！大原美术馆的分馆，包括工艺馆、东洋馆，都是由粮仓改建的，需要防火、防潮、防高温、防虫害的粮仓成了最好的艺术品收藏地。

这里的粮仓还出租给当地文艺青年开画廊，或者改造成设计师驻店的民艺品专卖店。离开仓敷前，我去了“十露”画廊。店主得知我想看老宅，不锁店门，不收拾一屋子的美术品、工艺品，就带着我去看了最古老的井上老宅。等我们回到“十露”，已经一小时以后了。店门大开着，一两个客人，闲闲的。

就在那家店里，我留下了那条手工陶瓷项链。

探险超级百货店

即使那么喜欢逛街逛店，东京城里的一座座花花碉堡，也还是很快就逛到无趣。总是华丽的洛可可风内装、再眼熟不过的品牌、仿佛走在秀场上的时髦客人。

还好，东京陆续开出来的新百货店多有新鲜气质，有主题，有特色，还有散落百货店四周的装置品可以带着小探险的野心去玩。

地标之一：六本木ヒルズ。森大厦前地铁口有超大型雕塑*MAMAN*，

出自 LOUISE BOURGEOIS 之手。位于五十三层的森美术馆，每天开到晚十点。一脚踏进通往美术馆的五十二层观景平台，真有云上感觉。四周有大尺度窗户，当代艺术展在这里布展一定非常令人震撼。

不过，我一个人去的话，不太从这个地铁口出来。我总先去麻布十番商店街有名的豆源老铺买豆子吃，又朝着森大厦的方向一路散步到拐角的 TSUTAYA 书店里翻书喝咖啡。从这条路线进入六本木ヒルズ的人不多。靠近朝日电视台，微微上斜的六本木けやき坂上，一侧是 ISSEY MIYAKE、Y3 片山正通、ZUCCA、B BAR 等一流设计师的店，另一侧安排了十二位名家设计的各种造型实验版椅子。最早迎接我们的是四块巨型黑斑点卵石组合，出自瑞典设计师 THOMAS SANDELL（宜家和 B&B 的设计师）之手的《安娜的小石》（*ANNAS STENAR*）。不多远就是传说中的“雨天就会消失的椅子”，吉冈德仁设计，有天然的水晶波纹。那天不是雨天，我终于没有忍住，直接就把小杯矿泉水倒了上去，想一想，雨天就会消失的椅子还在吗？

地标之二：表参道ヒルズ。这里是大师安藤忠雄的舞台。走进去就会看到地下三层、地上三层的安藤风格，一间间店铺就是豪华游轮的舱房。在宽大的中庭回望，灯火中匆匆移动的人影，像是赶着去游轮船长派对，音乐也是刻意配合过的。主楼奢华闪亮，而副楼安藤也玩得有创意。当年东京同润会的公寓，安藤保存了二十五家原住民住户，楼梯的窗户框架都是保存的旧物，楼里有很有意思的设计师小店。我第一次去，买了山口蓝设计的“茶屋少女”系列设计品。三年以后，我在那里看了一场数字油画的新奇画展，买了草间弥生设计的波点文具。这里始终和主楼有着一点距离，小型、小众，别有一番趣味，总是可以获得另一段购物体验——设计的人一定有这样的心思，他喜欢的事物，始终不喜欢有太多的人喜欢。

地标之三：カレッタ汐留。先去一楼的电通四季剧场“海”，端详演出海报，剧团的演员清一色女将，或华丽无比的浓妆盛装，或雌雄不辨的眼神和身姿，光看海报已不禁思绪飘荡。买下晚上《巴黎圣母院》的票后，定一定神，去地下一层和地下二层的广告博物馆，改变世界的许多广告都可以在这里重温。

汐留这家购物中心多是设计师店铺，上上下下迷宫一样，最容易错过的是散落在每个楼层的一百张名家设计椅。最早的是20世纪50年代的。身价不平凡的复刻版椅子都被当作顾客的休息椅，如果椅子背后没有1—100的编号，很少人会想起它们的来头。和六本木室外的实验性椅子相比，这些椅子让人想马上买回家去。

推荐：迷你版名家设计椅
场所：東京都港区六本木6-10-1，六本木ヒルズ，森美術館
交通：六本木站（地铁日比谷线／大江户线）步行4分钟；麻布十番站（大江户线／南北线）步行5分钟

大正文艺偶像
竹久梦二

八年前去冈山，在那里第一次认得了这个发光的名字——竹久梦二（1884—1934）。他的前缀是诗人、画家、设计师。竹久梦二出生在小城冈山，当年和千万文艺青年一样，怀揣理想北上东京。那是一个后来被叫作“大正浪漫”的年代（日本大正天皇1912—1926年在位）。这个年代里有许多后来在日本文化史上闪光的名字，像夏目漱石、芥川龙之介、三岛由纪夫、谷崎润一郎……在西方思潮活泼的年份里，“大正民主运动”要求民主改革、要求改革官办大学教育、重视引进西方教育和西方艺术的氛围，也让激发这个年代文学艺术的创造荷尔蒙变得光影绚烂。

竹久梦二可以算是“大正浪漫”流行文化的标本。上京后的他，恋爱、写诗、画画，才华横溢，像一

西川林之助民謡集・旅と酒と恋
(右上)『縮刷夢二画集』(函)
(左上)同(表紙)大正6年(6
(下)西川林之助・著『旅と酒

HITOYO NO NASAKE
ご購入書籍名をご記入ください。
1. この本を何でお知りになりましたか
1. 新聞・雑誌（紙・誌名
2. チラシ・ポスター
3. 友人、知人の話
4. 店頭で見て
5. プレゼントされた
6. その他（
2. この本についてのご意見、ご感想をお聞かせください。
3. よく購読されている雑誌名をお書き下さい。
4. 今後、小社より出版をご希望の企画、テーマがありましたら、ぜひお聞かせください。
アンケートにご協力いただきありがとうございました

ゆうびんはがき

颗明亮的文艺新星，受到当时喧闹的文化界瞩目。他的小诗《宵待草》谱成流行曲后赢得大众的追捧。他木版画中的日本美女，都有浓重的时代气息，在温婉精致的古典美上涂了一层摩登的西洋粉饼，“梦二式美人”成为“大正浪漫”不可缺少的符号。

东京大学附近有竹久梦二的美术馆。开幕十年来，参观者无论是特意拜访还是偶然路过，总能看到一个时代超级偶像的复活。一年四回特展，从不重复主题，梦二作为诗人、画家、设计师、文艺女青年爱慕的文艺男人，一次次在展览中重生。

在那里我买了一本竹久梦二设计作品集的复刻版。在文坛、画坛大受宠爱的同时，梦二开始显露他追逐西风的潮人本色，跨界做起了当时书籍和杂志的新锐平面设计师。那个时代日本的书还是和式装帧，没有书脊，也没有封面、封底、封套的设计，梦二一方面向西方学习，在他的设计集里有不少几何图案，另一方面当时饱受西风熏陶的梦二依旧有着对传统日本气韵的深深爱慕，特别是对日本传统植物图案情有独钟。同时，他还是日本最早的字体创新者。最后形成了风雅、纤细的梦二设计风格。这位时代的文艺偶像，也生就非凡的商业头脑，在日本桥开设了自己设计信纸、信封的文具店“港屋”，那里聚集过大量梦二粉丝。

“大正浪漫”已经过去了一百多年，大正年代有点像我们的民国时代，西风渐重，大多数学人都是和洋贯通，既有向西方学习的开阔视野，又都费力想保留本国独有的文化特点，在复古和自由觉醒中来来去去。

推荐：竹久梦二复刻版设计集
场所：東都文京区弥生 2-4-2，竹久夢二美術館
贴士：周一休馆
交通：东大前站（南北线）步行 15 分钟；上野站步行 25 分钟

竹久夢二のデザインに

MOOK

2011 年开门迎客的代官山茑屋书店有全日本最齐全的杂志，一千三百多种，画风各异的 MOOK* 就是翻翻也得耗费许多时间。

那个时候，互联网还没有那么发达，杂志也没有进化为 APP。一本铜版纸或哑粉纸印刷的精美 MOOK，可以直接配上三明治咖啡当晨起后的早饭。回国时打包的行李中，怎样超重，也不肯扔掉那些 MOOK。

年轻时看的是 1982 年发刊，2003 年已经停刊的 *OLIVE*。在国内还没有《文艺风象》的时候，*OLIVE* 让我恶补了最早的非主流文化。和同时代的主流女性杂志不同，*OLIVE* 的特点是以摄影、电影、音乐、绘画为主题，还有对日本杂货文化的用力传播。这本杂志影响了日本几代年轻女性，也是我们了解日式生活方式的启蒙读物。

岁数增长，开始读偏中性的 *CASA* 和 *BRUTUS*。每期都有牛人的专题。从那里我读到安藤忠雄、北野武、森山大道、筱山纪信等重量级大师不为人知的故事，也先在纸上见识了穷极设计之美的日本美食、以日本视角报道的世界美食、日本各地的个性派旅馆，了解日本最新文化事件背后的人物。

五六年过去，这些杂志依然像书一样，可以一读再读，让人重识从前忽略的好文。翻出 2007 年的 *CASA*，当期专题是"最新东京 100"。那一年，六本木 TOKYO MIDTOWN 刚开业，去过那里的三得利美术馆。后来又去了奈良，看过传统民居。重读这本 MOOK 里介绍三得利美术馆的文章，发现隈研吾设计灵感的来源正是奈良等地日本传统民居的格子窗。他将格子窗光影的变化应用到外墙和内装的设计中，做出整面墙的木质百叶窗。

那期 *CASA* 里也介绍了村上隆在自己工作室里举办茶会，当日茶会亭主是"千家流"茶道的 15 代传人，墙上挂的壁画是村上隆创作的佛陀，今天看来，村上隆后来把自己的展览开到古典的凡尔赛宫，实在是这位当代日本美术旗手混搭出牌的一贯路数。

京都の美しい日用品ショッピングガイド
BRUTUS
Casa
メイド・イン
京
共に年を重ねていける美しい木の椅子、
木工芸術の数
BRUT
本郷
6
東京人
TOKYO
牛込
番町
御城
御曲輪内
日本橋
京橋
麹町
永田町
築地
赤坂
特集 150年の変遷を歩く
あの大名屋敷は
丸の内

再后来，我也看《家庭画报》和《和乐》两本历史悠久的老牌杂志。听上去定位于主妇的《家庭画报》做得细腻精道不唯旧，将日本传统器物、茶道、怀石料理在当代的传承与创新娓娓道来。一篇三宅一生的深度采访，视角独特，从未在别处见过。写他与同时代的日本散文家白洲正子、先锋画家横尾忠则之间交往，当代建筑家安藤忠雄对他设计的深度影响，他的古代日本衣料收藏和筑波大学的折纸实验室又是如何在他心中碰撞出灵感，催生了红极一时的 BAOBAO 系列。

有朋友推荐了《东京人》，读后喜欢不已，这也是一本难以扔掉的杂志。最简素的设计，最扎实的采访，东京的桥、东京的下水道、东京的许多正在消失的物事，东京的前生今世都在这里被记录和保留下来。从此，不管多少重的行李中又多了一本《东京人》。

如果你去东京，一定要去书店，买一些可以一读再读的 MOOK。

推荐：*CASA*，*BRUTUS*，《东京人》
场所：各百货店内设的大型书店、地铁书店、机场书店
＊在日本通常指有主题的杂志。

暑期数码电影节

川口离首都地铁圈只有一站，它不属于东京，地属埼玉县。地铁方便，又有老友居住，所以每次去东京，都会在那里住上一段时间。住在那里的好处有些完全是意料之外的。

在名声显赫的东京国际电影节之外，从来没有想过还有一个在埼玉县川口市举办的国际数码电影节。2010 年夏天，住在川口旅馆的时候，偶然发现附近天桥上许多年轻人在发宣传小册子。我好奇地拿来看，原来是第七届 SKIP 城市国际数码电影节。一个小小的区就能举办一个国际级别的电影节？第二天我到了指定的巴士站，有免费巴士接送游客去电影大楼。正是暑假，巴士上主要是带着学童们的妈妈团，剩下的就是文艺范十足的青年观影团。

电影节的节目单带给我无法描

绘的、突如其来的冲击。一个区有能力举办国际电影节，而且是近年发展迅速的数码电影节，着实让人刮目相看。从 2004 年开始，每年平均有八十五个国家的电影影像作品送选，一周累计放映四十四部电影，一天可以看满六部。当年组委会还邀请《幸福的黄手绢》的导演山田洋次携该片的 3D 版参展。

这幢电影大楼里，还有一间电影艺术博物馆。除了回顾电影历史之外，每个人都可以亲身体验一部电影的拍摄过程。截至 2010 年，当地有十二万孩子参加了“学习怎样拍电影”项目的培训。当年的电影节上，我们已经看到小小电影人拍的精彩短片。我在川口 SKIP 电影大楼的 4K 影院里过了梦幻般的一天。

除了七月的电影节，每年到川口，最爱去的地方是超市旁一家小小的画廊。暑假的展览都免费向孩子开放。有一年的主题是“海岸线”，

2016年电影节海报

即一座由LED灯等设备打造的人造海滩场景，金属制作的贝壳在波光摇摇的“海面”上泛着银色的光泽，赤脚的孩子站在“海滩”上感受海的“水、光、风、热、音”，可以玩各种与海有关的游戏。既符合孩子的形象思维，又是艺术的熏陶。

川口的社区中心还有许多丰富的暑假活动。我们参观过一位七十岁老人举办的“折纸手工展”。日本各地的老房子也面临失传的困境，这位老先生用普通纸巾折成传统建筑物，以独特的方式来传承文化，呼吁保护历史建筑。七十岁老先生做的精细手工，本身也该是被留存的民间手艺中的一种了。

推荐：电影节赠送3D眼镜和宣传册
场所：埼玉県川口市上青木3-12-63，SKIP彩の国，ビジュアルプラザ
交通：川口站（京滨东北线）步行20分钟或搭乘电影节免费巴士

茑屋书店

在代官山车站出口处，问车站管理员“茑屋书店”的路线，管理员指着墙上的详细指路牌，让我明白“茑屋书店”已经成为我一向所爱的代官山的新地标了。

代官山这地方和东京其他时髦区有许多不一样。车站出口就是长长的坡道，转角先遇到 LUSH 的 SPA 体验馆。墙面粗粝的工业平房，裸露着的钢筋水泥管，从车站奋勇奔出的人流在这路口一下子散去，像被大江吞并掉了，路上马上恢复安静。每一家小店铺像城市的穴洞，埋藏着深深的秘密，在外表上又丝毫看不出来。比起东京其他街区，我更喜欢这样的代官山。

走过这样一家家表面冷静不露锋芒的小店，就看见了外表优雅恬淡的“茑屋书店”（TSUTAYA BOOKS）。我先站在书店对面的咖啡馆，远远看去，阳光下树影微澜，轻抚过原研哉设计的白色藤编网格外墙。连接三幢主楼的走廊里光影婆娑，包裹着东野圭吾式的崇高秘密。可我实在不能将这家“世界最美书店”与 TSUTAYA 联系起来。

在我的印象中，TSUTAYA 是日本最有名的租借录像带的连锁企业，它的会员占了日本人口的三分之一。十多年前，我和其他会员一样，在这家朴素的连锁商店里租录像带看电影，度过寂静的影像时光，排遣离乡的愁绪。五年前，在西麻布靠近六本木的路口，看到 TSUTAYA 的第一家设计书店，招牌还是 TSUTAYA，店里已经有星巴克咖啡。而代官山的茑屋书店，就是一个复合业态的地方。其实如果追根溯源，TSUTAYA 历史上第一家书店就叫“茑屋”，取自江户时期浮世绘出版人茑屋重三郎的姓氏。光阴流转，从 1983 年初创到 2011 年底代官山店开业，纸质书、CD、录像带似已经成为时代的化石。而这一块块活化石在这家书店里重新集合发光，变成了公众图书影像馆的标本。音乐，爵士、古典、摇滚，每个年代的黄金声音都在 CD 机的一个个耳机中复生。电影馆里，也可以找到你想要的任何电影 DVD，厚重的录像带

原研哉设计的代官山茑屋书店

依旧可以租借。旅行的书更有意思，有驻店旅行社可以直接下单。书香之上漂浮着星巴克的咖啡香气，长长的阅读沙发旁有慵懒的甜品站和红酒吧，依然是阅读、观看、聆听的空间。

有时候我们喜欢一边喝咖啡一边看小说，一边吃甜品一边读历史。在那里待了整整一个下午，我始终没能找到一张自己的阅读桌面。绝大多数的阅读者只能站着读书，最后把喜欢的书和 CD 打包回家。

其实茑屋书店最吸引人的地方是书店的许多专业导购员。他们中有日本料理杂志的前主编，有长期撰写旅行专栏的记者，有文学书评作者和建筑设计领域的专业人士。

这里已经成为城市的地标了。

推荐：北野武图书
场所：東京都渋谷区猿楽町 17-5，蔦屋書店
交通：代官山站（东急东横线）步行 15 分钟

北野武
孤独
初めて語る父、息子、
娘、妻への想い
人生で一回だけ宗教
を信じた瞬間とは？

宫崎骏的吉卜力美术馆

宫崎骏今年 75 岁，不折不扣是爷爷辈了，可他颠倒众生的动画片，吸引的观众都是萌字辈的。这该是个多么迷人的老顽童啊。

那一年，在看完宫崎骏和他的朋友们鼓捣的一场音乐会的碟片后，对片子里他的工作室和工作流程有了八卦般的着迷，决定去东京膜拜吉卜力美术馆。没想到这家美术馆要提前一个月预约，便拜托朋友去罗森便利店帮忙预约。这一开头，就

像极了一场隆重的朝圣之旅。

在 JR 中央线三鹰站出口有一辆美术馆的猫巴士，我们就像小梅妹妹一样被带进了靠近井之头公园的美术馆。

从远处看，美术馆的屋顶花园像是“天空之城”里那样的空中绿洲。拾级而上，沿途嫩绿草坪中散落的是“天空之城”崩塌时掉下来的残垣断壁，中间矗立的是熟悉的机器人士兵，它巨树一般插入天空，遍体是伤却不减威仪。在夏日浓烈的阳光中，那部电影记忆中悲伤的气味像酒精那样突然挥发掉了，而它只像一个快乐的守护神，坚定而欢喜地守着吉卜力的全部精灵们。

美术馆底层的中央大厅右侧，复刻了我在碟片里看到的神秘工作室。宫崎式动画的灵感在昏黄的客厅里被一次次激发。原木桌子上密密麻麻地堆满动画黑白原稿，大型留言板上张贴的是上色的修改稿，而“今天的晚饭”“明天的晚饭”之类的生活留言条，四处随意放着的小茶杯、小茶碟，也像是赶稿人在彻夜加班后刚刚离开。

那些我们看到的动画巨制在这里最初是改了成千上万遍的原稿，接着是上色、拍摄、剪辑，一部动画电影诞生的每一个细节都被还原。最值得膜拜的是吉卜力时代的早期，没有电脑辅助，一笔一画地画出动画的那二十年。这些场景被放在了一个小小的电影摄像机的镜头里，我们耐着心排长队，趴在小小的窗口向里窥探动画手作时代的奇迹。

宫崎骏说过：“我不是文化人，就是手工匠，没有多少人会关注艺术作品的永恒性，包括我自己。大多数观众只有半吊子的理解力。所以得拍通俗作品，让观众在日常的压力下解放出来。”所以他“不愿意看到一本正经的、雄伟博大的美术馆，不愿意看到把展品看得比参观者重要的美术馆，希望是一座闲散而舒适的美术馆”。

本着放下高傲身段的设计思想，这座美术馆更像孩子们的一座超级游乐场。有剧院可以看宫崎骏爷爷的动画电影，有低龄孩童的游戏场，还有温情的绘本图书馆和设计品商店。游玩结束，带着孩子在机器人士兵看守的户外花园吃小饭看云朵。

可这里又需要最强的头脑，是极容易迷路的一处宫殿。你很难不走错路。入口处是在一楼，走着走着却不知怎么就到了二楼了。在不知情中还会一次次迷路，找不到你想去的地方，也回不到原来待过的地方。这也是这座迷宫的诱惑，参观者几乎成了迷宫的一部分。

一个一千二百平方米的美术馆造价是五十亿日币。城堡一样的外观建筑，迷宫一样的内里结构，华丽的枝型吊灯、彩绘的玻璃窗洞、原木的温暖家具，还有极其舞台感的疏离和互动混合。不知不觉我们会变成剧中布景中的某个角色，有时穿帮有时迷路。

推荐：宫崎骏动画书

地址：東京都三鷹市下連雀 1-1-83，三鷹の森ジブリ美術館

贴士：周二休馆，提前两周到一个月在当地罗森超市预约

交通：三鹰站（中央线）搭乘美术馆循环巴士

小私藏

推荐：村上隆挂盘

场所：東京都中央区銀座 5-2-1，東急プラザ 3 楼，LAMMFROMM HINKA RINKA

交通：银座站（日比谷线）

2013 年由香港苏富比拍卖行举办的全球首个奈良美智作品私人珍藏专拍会，有一场名为“你不孤单”，像是呈现了收藏者的内心秘密。这位收藏者比他的藏品更加发亮，他只是一个日本银行的普通职员，用自己不断省下的午餐费，买了三十一件奈良美智的作品，除了纸上作品外，还有只是收藏杂项的玩具公仔、手表、滑板、海报。

收藏者一开始喜欢的其实是奈

良美智的招牌“酷娃娃”。“酷娃娃”表现出的孤单寂寞和坏坏的小心思，让收藏者看到自己的童年。于是他动了想要拥有、保护所有“酷娃娃”的疯狂念头，一发不可收。

工薪族收藏“当代艺术”，在日本也是很稀罕的。也因为出身工薪阶层，玩具公仔、手表、滑板、海报都会进入他的收藏范围。

最早欣赏和购买大腕的艺术衍生品只能在美术馆附属商店。这两年新的百货店的艺术衍生品专柜也越来越多。涩谷地铁站旁的新店涉谷ヒカリエ开设了草间弥生、奈良美智的专柜。T恤、包包、家居品，全部以艺术家设计之名出售，概念迷倒最时髦的年轻顾客。这些店最大的好处是交通便利，产品量多，不过也难免百货店的人多嘈杂。看着从生产线而来的大批量商品，不由地怀念专属艺术家设计品的小画廊。

十多年前，村上隆、奈良美智的名字在中国还是少数派的谈资。在日本已经成名的他们在涩谷区的山口大厦有了第一家设计品画廊。有个雨天，我从小田急线代代木上原站出来，走了很长的路，又在一条废旧的铁轨前彷徨游移了好一会，才在迷宫般的上原区找到这家只有70平方米的小店。

日本人特别喜欢画廊这词，不必像美术馆那般正襟危坐，有着和日常生活贴近的亲切感。这家画廊外表极为朴素，墙上挂着村上隆、奈良美智当时标价几十万日元的版画作品，也有许多适合入门收藏的几万日元的版画，更多的是主题设计品：奈良美智的“酷娃娃”椅凳，村上隆、南瓜婆婆草间弥生的桌头摆件，以及森山大道设计的手表和他本人的摄影画册。和店员聊天时他介绍说，到这里看画，不用像去美术馆那样正儿八经，喜欢艺术家作品的年轻人也可以买到低价位的设计，那些几万日元的版画就是为他们准备的。

这家店开在那么安静的住宅区，那天也不是休息日，店里客人还是不少，客人也都是艺术家们的粉丝。住在附近的妈妈也带着小孩子来看画展，这家小画廊每个月都有世界各地年轻艺术家画展。

交通虽然没有大百货商店方便，可是能买到适合工薪族的小尺寸艺术家作品，也有最新的年轻艺术家展览。带个喜欢的设计品回家，做自己的玩具，治愈、欣赏就足够。

这家喜欢的店先从上原区移到了涩谷，现在又开到了银座。

好玩的美术馆

推荐：美术馆明信片
场所：直島地中美術館
交通：东京站乘新干线至冈山站，再换乘宇野线至宇野站，然后步行 10 分钟至宇野港，乘船到达直岛宫浦港，最后徒步至目的地

第一次去东京，不需要来这些地方。

滚滚红尘里的第一次东京，是个每日里只拼命诱惑你肉身的怪兽，吃不够的东西方美食，享福无尽的露天温泉。等有一天，你的胃基本塑造成一个坚硬无比的橡皮胃，那个时候，可以走走日本大大小小的美术馆、博物馆、科技馆，消化掉油脂，恢复起温泉水里泡过的软香身子。

20 世纪初的西方美术馆多为皇

家宫殿之类的西洋古典建筑，有巨大的立柱和阴暗的典藏空间，普罗大众有些望而生畏。直到60年代纽约古根海姆美术馆破例建造，美术馆才迎来了放下身段的时代。东京博物馆集中地就在上野车站附近。上野是姿态平和的下町区。莺飞草舞、大片阳光的上野公园里，东京国立博物馆、国立西洋美术馆，有着天然的亲民气质，更不用说去公园玩耍之后孩子们全体向往的朝拜圣地——国立科学博物馆。

藏品巨富的上野之外，东京还有三个被叫作“日本首富”的美术馆，其中两个是当代设计家隈研吾的作品。一个是离川久保玲、三宅一生表参道旗舰店不远的根津美术馆，最初源于铁道王兼东武百货创办人根津嘉一郎的收藏。以东方艺术品居多，所藏的中国文物，包括青铜、陶瓷、书画、玉器，无所不有。第二家是在TOKYO MIDTOWN内的三得利美术馆，馆内三千多件藏品，陶瓷、琉璃、织染、和纸，多与“生活之美”有关，有日本自然和人文历史造就的独特审美趣味。三得利的董事长说过：“祖先留下众多生活里的传统艺术，我们只是提供场所让人们能亲近这传统之美。”还有一个是西武现代美术馆，1981年的开馆纪念展“杜尚”展就表明了馆长堤清二诗人身份和独有的前卫、颠覆的气息。

和十多年来由著名建筑家、设计师共同建造的西方美术馆建筑大受热捧相同，日本也有许多美术馆本身的建筑设计和藏品一样耀眼可看。

曾经一个人从东京辗转冈山，再转车到宇野港换船，大雨中艰苦前往直岛朝圣。那是濑户内海的一个小岛，岛上原住民很少。历史悠久的民居群中，混杂着由艺术家担纲改造的民居系列，包括印象深刻的宫岛达男的“角屋”、杉本博司的“护王神社”和安藤忠雄的“南寺”。在南寺的一片漆黑里第一次感觉到禅的“空与无”，惊恐与宁静，黑暗与荒芜，满足与虚空，是参观正经美术馆从未获得的体验。

岛上还有安藤忠雄设计的地中美术馆、草间弥生的海边南瓜装置。这些名家的艺术品，会和这个古老的村落一直缠绵下去。

计划中想去的还有金泽21世纪美术馆，是妹岛和世设计的。在古旧风情弥漫的金泽，这座透明材质的美术馆也可以租借给当地居民，变身一间结婚礼堂。

不再有“美术知识的焦虑”，只探险美术馆本身也可以很好玩。

设计生活

推荐：茶壶组合套装
场所：東京都中央区銀座 3-6-1，5 楼，松屋
交通：银座站（日比谷线）

东京三大时尚中心各有意思。最早落成的是六本木ヒルズ。一早从麻布十番站走过去，经过六本木的 TSUTAYA 书店，进去喝着咖啡翻看了半天的书，出得门来，就是了。微微的斜坡，街边茂密的榉树阴翳缝隙里漏洒下一地碎碎的太阳。从朝日电视台门前开始一段小小的椅子之旅，设计界大腕作品免费欣赏，伊东丰雄、日比野克彦、内田繁等等，有趣好玩。玩心最重的是吉冈德仁

和内田繁的设计。吉冈德仁的那把“雨天会消失的椅子”，有冬天冰凌一样透明的肌理，仿佛随时要碎成一地的玻璃材质，等着雨天再来玩的客人。也喜欢内田繁的红色波浪椅，灵感应该来自太空失重。

六本木地带还有融西洋和风一体，极度时髦又内涵丰富的 TOKYO MIDTOWN，在那里能用美妙的方式消磨掉一整天。数码设计商品店 IDEA DIGITAL CODE 里，从各种风格手机的耳机、座垫到大件家电、声控宠物，都是脑力风暴的灵感下的蛋。还有一家电视机主题商店 HANNSPREE，汇集了日本几乎所有品牌的电视机，但与普通电视机不同，每一款都充满设计感和创意。

我还喜欢厨房主题的商店。做饭就是一场对美的追逐，杯碟、刀叉、锅碗、油醋瓶，乃至桌布、灯光、厨房植物，现在都由设计师精心设计。从日常生活转换成舞台剧似的华丽或素雅的厨房，让做菜也变得如写诗一样充满想象力。日系厨房用品取材自然，简洁质朴的设计，有天然的温暖气息。门面小小的 SAYA 店，普通到容易错过。柔和细致的和纸灯光里，安静的木质日式饭勺、汤勺、套碗，也有简洁的西式刀叉、不锈钢套锅，是日本工业设计第一人柳宗理品牌专卖店。店中还陈列着日本当代家居设计大师小泉诚的茶具系列。小泉诚与柳宗理虽然出生年代相隔数十年，作品的气质却很接近，设计都不张扬，材料都是天然木头、金属，风格看得出日本传统手工艺的精髓和当代简约设计风格的结合，精致，素雅。“用起来还是供起来”在 SAYA 已经不是问题。隔壁的 SFERA 里，京都的设计师将浓烈的古都风融合现代风格创作的家具、食器和杂货，每一件都令人爱不释手。

离 TOKYO MIDTOWN 不远，是六本木 AXIS 的所在。这条路很宁静，不像在喧哗的六本木，只有远处的东京塔影提醒你这是时尚中心地带。这幢东京塔附近的白色大楼是有名的“设计生活”，地下一层加地上三层，汇集世界各地设计品牌，产品覆盖工艺品、家具、灯具、园艺用具、花器、收纳容器、厨具、玩具、文具、运动健身器材等，店铺布置更像画廊的艺术品展出。每季推出不少大型装置和家居样板，并持续举办以设计为主题的展览。

来这家 AXIS 的都是熟悉店铺的老客人，安静的环境无人打搅，最适合细细品味。

独立书店

日本是全世界最爱阅读的民族之一，书店和咖啡店一样多。街边、高级百货店里都有书店，连地铁站里的每家书店也向来人潮汹涌，一定会让我们这里饱经搬迁之苦的人文艺术类书店羡慕无比。

东京也有许多小小的独立书店，多半定位于出售设计、建筑、时尚、艺术与摄影的专业书籍，有时建筑本身就是设计界大佬的作品。和当代美术馆一样，这些书店从店铺设

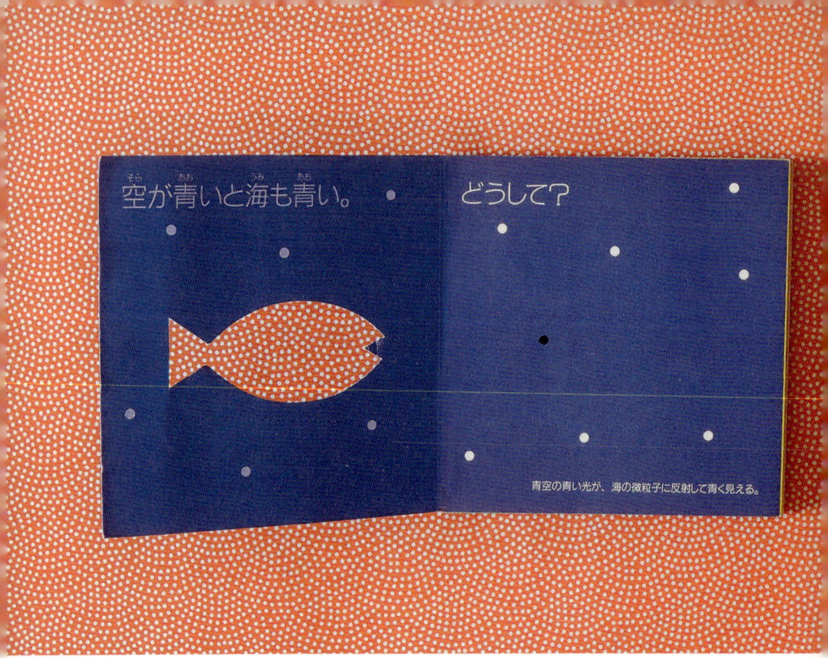

计开始就值得读者朝圣。

2003 年开幕的位于代官山的 HACKNET 是这类主题书店的翘楚，由设计大咖，WONDERWALL 设计公司的片山正通主持设计。那年是去代官山转，在小巷的对面看到这家店，有着高大的沿街落地窗，高挑的屋顶下华丽的吊灯，映照着一排排白色开放书架，马上就穿过马路冲进店堂，正赶上 HACKNET 开业仪式，店里拐角处都布置着素雅的鲜花，十分清新对味。后来才得知，这家店是老板安冈洋一先生对欧美主题书店、美术馆附属商店和设计公司的图书室考察了七年以后的成果。

比起常常会迷路其间的大型书店，这种主题书店有着清晰的定位，多数偏重艺文设计类图书，欧美外文书较多，读者很容易找到自己想要的那类书籍。比起同时卖咖啡的书店，这些书店更专业，更安静，

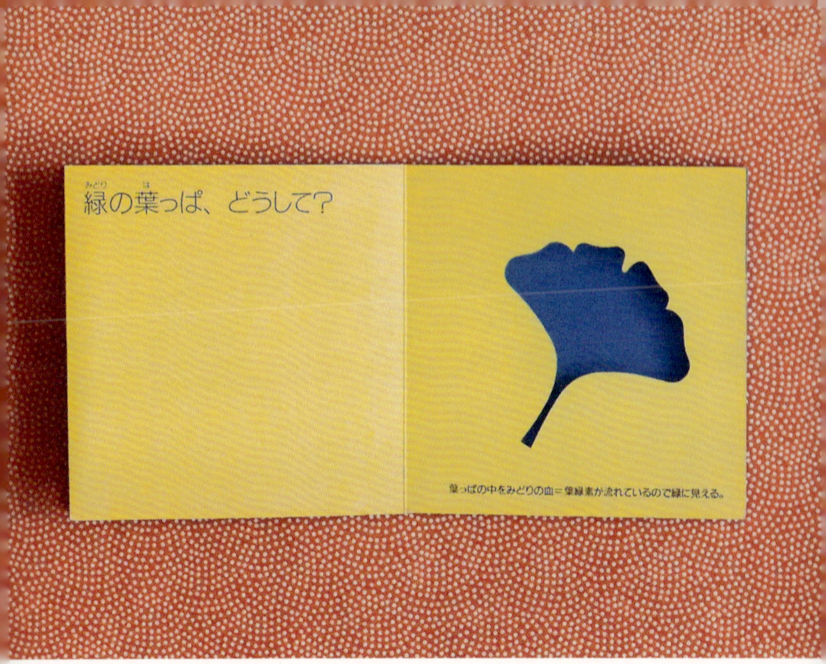

读者之间虽然并不交谈，但往往有一种会遇见趣味相投陌生人的欣喜。

那天，我在那里买下一本绘本《天空是蓝的，海也是蓝的》，至今是挚爱。作者是日本绘本界设计王驹形克己。他 25 岁在美国做平面设计，30 岁回日本成立了自己的公司，开始出版绘本。驹形克己设计语言独特，每一本绘本或书，都使用反差强烈的配色和简单的图形，辅以精确的切割和设计。他的书得过许多国际儿童书的内容与设计奖项。因为设计中体现的出色的触感特征，他还在法国为视障者设计过书籍。

这本小书只有长、宽十厘米模样，用一大张纸折叠而成，完全展开后是一个正方形。绝赞的配色并不单是为了形式，而是形象介绍色彩学的知识，像叶子为啥看上去是绿色的？夕阳怎么会变得那么红？黑人和白人的皮肤为什么不一样？

小小的绘本，将日本传统的折纸技法和纸的触感与色彩融进了设计中，不用太知晓日语，也能享受到知识和美学的冲击。驹形克己麾下的 ONE STROKE 公司在 1995 年第一次出版此书，我买的已经是 2006 年的第 11 次再版物。从书橱里拿出十多年前的绘本，设计的美感与阅读的快乐依然。

在涩谷，也有一家已经有二十多年历史的独立书店，以摄影为主题，长长的书籍清单上可以淘到海内外摄影大家和摄影界新人的优秀作品集。

推荐：驹形克己绘本
场所：東京都渋谷区神宫前 3-7-4，SHELF
交通：原宿站（山手线）步行 5 分钟；表参道站（银座线 / 半藏门线 / 千代田线）步行 5 分钟

青いと海も青い。
どうして?
緑の葉っぱ、どうして?
どうして月はきいろなの?
どっちが大きくみえる。あか? それとも……
お母さんの
おなかの赤ちゃんは
オレンジ色を
感じているよ。

古董市场

东京有古董一条街，在高尚区青山附近，每次去东京都想去那里一次，每次都没有去成。对于喜欢在陌生小巷里兜兜的门外汉来说，那里还是太过庄重。

有个懂行的老友指点说，可以先从东京古董市场走起。东京的古董市场种类缤纷，粗分有两大类。一类是每周或者隔周的露天集市。历史悠久的"大江户古董市"，每两周一次。在有乐町"国际论坛大厦"、新宿花园神社、护国寺，古董集市每周都有。虽说是"小集"，也有 20 ～ 70 家摊头。出摊的是东京的古董店主和一部分藏家。小集门槛低，逛摊免费。另外还有一类"大集"，一年中不过三四次。比如上野不忍池畔的"青空市场"、巨蛋体育馆的黄金周大集、有明展示场的古董大集等。关东地区甚至关西的古董商云集于此，第一天会收门票。除了上述两类，百货店也会有不同主题的古董展，因为摊位入场成本贵，那里的东西价钱不菲。如在西武百货店购物，可以顺便去楼上看看古董集市。在合羽桥道具街上的某个小店铺里，我也偶然见到过平时难得一见的茶具古物。

有一年暑假，在上野博物馆看好展览，来到上野公园。天空澄蓝，绿茵芳菲，草坪上鸽子自由漫步，我慢慢沿着大路向前，像是接着在看大自然的风景展览。走到不忍池边，突然就人声喧闹起来，出摊的商户和买家组成的"青空市场"空降在眼前。在东京闪闪发亮的摩登前台背面，看到了暗淡的角落里被隐藏起来的几百年醇厚历史的碎片。瓷、陶、骨、玉、漆器、茶壶、茶香炉……还有许多完全不认识的古物件。商户和买家仿佛拥有同一个秘密一般，暧昧地微笑对谈。

热爱古董收藏的老友说过一次在有明古董集市上的经历。眼尖的他在一位日本大妈的摊头上看见了一件知青题材的"文革瓷"摆件，上面画着穿军装、背行李、梳着两根辫子的英武的女学生形象。摊主不知道有"文革瓷"这个分类，老友洋洋洒洒给日本大妈大补"文革"

历史的课，大妈非常认真地拿出笔记录。最后他了解到这个中国历史的纪念品居然是大妈的先生从欧洲淘回来的。

还有一次我在西武百货楼上的古董集市逛过一个“上海 30 年代家具展”。掉漆的小板凳、座椅、梳妆台、圆桌，整套上海石库门房子里最普通的家具，来到西武百货店的展览会上。

对于古董，我完全是门外汉，可有了懂行的朋友指点，在古董市场每一样黯淡无光、掉色、积满尘垢的物件上总可以听到一个时代的流水声。

推荐：茶叶罐
场所：東京都千代田区丸の内 3-5-1，東京国際フォーラム，大江户古董市场
交通：有乐町站（山手线）

治愈系

沐浴三味

推荐：入浴料
场所：①热海各家温泉旅馆；②涩谷ロフト（LOFT 涩谷店）
交通：①东京站换乘踊り子（Odoriko，意为“舞女号”）至热海站；②涩谷站（山手线）步行 5 分钟

日本人的洁癖大概是全世界 TOP5 之内的，街道干净，家居无尘，身子自然顶爱洗浴，段位高的一天洗上四五回，普通段位的早上工作前、傍晚工作后。这当然和气候环境有密切关系，日本是岛国，四周面海，气候湿润，皮肤容易发黏，所以“无垢”一直是日本人的审美标准之一。从前江户时代，水和燃料都很宝贵，家里有浴室的人家也少，大部分市民都在公共浴室洗澡。

到今天，日式的泡澡方式还坚持着这样的程序，先在浴池外清洗身体，而后在公共浴池里泡。

日式洗浴的精髓就那一个“泡”字。“泡”字一在香艳，一在缠绵。

日式混浴制持续过相当长的时间，浴室的香艳也得以闻名。其实，真像杉浦日向子的《一日江户人》里说的，“老辈子的人都知道，澡池里一片漆黑，蒸汽缭绕，最多只能有个人影，年轻姑娘都有长辈保护，根本‘泡’不到，一不小心碰到哪位大妈的屁股，也只会讨得一顿臭骂。”不过到底是混浴，气场总是不一般些的。

现在去公共浴室的人已经很少，多半是老年人，年轻姑娘是不会光顾的。家家都有西式淋浴设备，可比起日式泡澡，求快求便捷的西式淋浴决然没有那般细腻。

泡澡耗时，所以有了缠绵的本钱。旧时泡澡，单纯，现在有各种入浴料在家里可以模仿出温泉的气氛。

一次早春去热海，在温泉小旅馆住下。日式温泉旅馆大多有山有水，自然，素朴。一夜昏睡后，晨早起，慢慢走进旅馆建在高台上的温泉池，山上晨雾袅袅，面朝大海听得见它平缓的呼吸声，又闻得到梅花的味道，汤水温润，凉薄的日光里身子已经回暖。

吃了新鲜海味，看过酒店服务生体贴周到的笑容，离开酒店的时候，最想带走的还是那个早晨。在旅馆前台买了老铺自家制的热海温泉入浴料，纸袋里有酒店梅树下的红梅花瓣。

销魂的日本温泉是那种大冬天里的露天温泉。像初雪天，饮着温热过的清酒，就是孤寂的一人旅行也很完美。日本有些入浴料用酒的发酵液制成。神户四百年历史的酒厂“菊正宗”就有一款“美人酒风吕”入浴料，不是粉状是液体。发酵液对皮肤的好处还在其次，木浴槽里酒香和水果香混搭出来的汹涌芬芳已经是在家沐浴天大的享受了。

喜欢温婉秀雅的，有豆腐入浴料，香草、抹茶甜点系列，柚子、桃子水果系列；喜欢摩登的，自然也有花园SPA，西洋植物精油类的。

入浴料之外，音乐也是入浴一味。有浴室用防水的CD机和调频收音机，现在最流行的是设计师为IPHONE、IPAD设计的浴室防水装置外壳。

也有许多人把浴室当作冥想和独处之地，不需要音乐，不需要声音。一言不发，或者可以点上天然精油蜡烛，光影水汤斑驳里，只留下肉身沉潜。

赏樱

川端康成的《我在美丽的日本》演讲是以日本和歌开头的，“春花秋月杜鹃夏，冬雪皑皑寒意加”，日本春花的头牌是樱花。初到东京，我自己喜欢的东京赏樱宝地，是井之头恩赐公园。尊贵不如皇居，热闹不及上野，只贪图那里有湖有水，又总有漂一族在拨琴唱歌，人少，些许闲散气氛，是城里人心下时刻揣着的清幽梦境。

租一条小船，染井吉野樱花垂下三尺以上，小船过时，细细花蕾覆满船头，还不时得腾出划船的手来撩开粉嫩花枝，一手花絮的暗香。黑管或者三弦声远远在湖面上游荡，清越，也孤独。

后来又喜欢上了夜樱。

飞鸟山。白天过后，赏樱的人群渐渐散去，樱花树下的底灯忽地一个一个亮起来，树上系着的小灯一起泛着青色的光晕。在青色的光线里，白天不曾注意的樱花树干粗壮结实，花蕾纤细娇弱，月光和灯光交集的光晕下，原本清秀幽雅的樱花像在暗房里显影过的照片，有一股浓重的妖气和魅惑。日本作家渡边淳一在小说《樱花树下》里写过，“樱花树下埋有尸体”。这样说来，樱树又是世界上最残忍的树，我也相信只有树干贪婪地吸过充足的养分，才会有这么疯子一样开的夜花吧。

翻看明治时代诗人石仓翠叶《樱川志》和樱花图谱，得知樱川是赏野生樱花最好的地方。樱川是日本石灯笼的著名产地，产花岗岩质地的土壤，水质更丰饶，樱川的樱花天生丽姿，不但清雅更得娇娆之美。到 18 世纪德川家族爱花，便命令将茨城樱川的川樱移植到东京，数量有两万多棵，这才有了名声骚动的东京赏樱地，上野公园、隅田川、飞鸟山、皇居、九段下。浮士绘画家歌川广重的《名所江户百景》里都看得到当年的美景。后来一片战火，烧掉了野生川樱的风姿，红得发紫的樱王地位从此让给了后来的人工交配的染井吉野，染井吉野樱是从粉红开到雪白，山樱则是从雪白开到嫣然，落满一地。

去京都的时候，七月里，只见过祇园黄昏里袅袅的艺妓，樱花早已不见痕迹，所以到底没有见过真正妖娆的樱花和寺院一起入画。最好能月夜溜进寺庙，打着手电看樱花，只有月光，没有底灯，一株一株地赏夜樱。

心下总有再去京都的愿望，也更想着能去茨城樱川看原生川樱，东京的樱花是人工交配繁殖的，雌蕾退化，只是清雅已不见痴狂。

推荐：樱花茶
场所：武蔵野市御殿山 1-18-31，井の頭恩賜公園（井之头恩赐公园）
交通：吉祥寺站（中央线 / 中央·总武线）

一期一会

看过东映公司的《一代茶圣千利休》后，男一号千利休的扮演者歌舞伎名家市川海老藏的狂狷与淡然交集的气质很难忘记。清淡、寂寥、禅意的一杯茶怎样狂拽过伟大的历史？千年来有无数答案。荣西禅师自中国拿来的全盘朴素的中国茶席原本清净无事；到室町时代丰臣秀吉一统天下后的皇家茶会，秀吉的“黄金茶”天下绝色；而茶头千利休创立的另一种简素、不对称的“空寂茶”受到空前欢迎。有一种说法是千利休终于遭丰臣秀吉的嫉恨，最后被秀吉赐死。“黄金茶”的华贵丰饶被风吹雨打去，而这杯血洗过的“千家流”空寂茶和千利休设计的清简茶室，分量千万，最终确立独树一帜于世间的日本茶气象。

20 世纪 90 年代在京都旅行，一个人从八坂神社出发，高台寺、“宁宁之道”*、二年坂、三年坂直到清水寺。一家店、一家寺院地转。在装饰着京都纸伞的“文之助茶屋”歇脚，有茶屋主人送来抹茶，对望中笑笑接下，完全不懂得他们转动手捧的茶碗向客人表示的殷勤的心思，更不知喝茶之前须把别人递给自己的茶碗转向自己再喝的礼仪，只是茶人的恭敬和虔诚使我最早感受到日本茶道用语“一期一会”的深意。只有领悟到日本茶道中“这个时间”“这个瞬间”此生不会重复的“这一次”的意味，才能体会茶人为客人点茶时的用心、静心、尽心带来的隆重。茶道的深意不是各种茶道具，不是外在繁复的仪式，而是人和人之间的关系，是以一个人应对一排人的关系。茶会上焚香、插花、挂画、奉茶、供佛，此刻忘记世俗的地位贵贱差别，期待“一期一会”，所以茶道才会那么庄重。

外重仪式感、内含禅意的茶道仿若修行，在日本也是少数圈子的特权。但千利休当时设计出入口窄细低矮，要低头侧身才能进入的茶室，意在表明茶面前人人平等。

流转至今，除了庄严的茶道，日本人平常居家也行泡茶之举。日常选择也多，有煎茶、番茶、玄米茶等品种。1981 年，日本国民品牌

“伊藤园”发明易拉罐装绿茶，方便携带，在便利店、自动贩卖机上销售，且从技术上保证茶的色香品质，让年轻一代不乐意泡茶也爱茶。伊藤园还发展出了玉露、玄米茶、麦茶、番茶、芽茶等各种罐装日本茶。

东京新宿高岛屋，伊藤园的TEA.PI.O.柜台，红茶、中国茶、日本茶……一共一百多个品种，无茶不欢。TEA.PI.O.流倡导的饮茶生活里的四大关键词TIME、PLACE、OCCASION、KIND，讨得讲究生活调调的都市白领女性欢心，和日本人精细地追求极致的特点一致。

现代人喝茶虽不能达到茶道的禅意，但一期一会的心意应是依旧。

推荐：茶碗

场所：東京都渋谷区千駄ヶ谷5-24-2，高島屋百貨店

交通：新宿站步行8分钟

*宁宁之道，日文是“ねねの道”，取自丰臣秀吉妻子北政所寧々名字的一条道。

化妆

传说京都最出色的艺妓，是女人中的极品。极品的标志之一，是高级艺妓的妆容，连发际细微处也应该是光亮无懈可击的。为了百分百的妆容，她们每周要去美容院剃毛多次。她们指甲漂亮、耳朵漂亮、耳根漂亮，头发保养也好。45 度侧面、60 度侧面、背面，所有男人眼光看得见的地方，都被精心设计，而后达到完美。这样的妆容可以说是几万个美女里才有一个。高级艺妓除琴棋书画外，光这项妆容的炼成也不是轻松的事。

当代普通日本女人只在眼线、眼睫毛、唇线、腮红、指甲、头发上下够功夫，也已经相当辛苦。

我没去东京生活之前，还无法想象化妆一词在日本女人生活中举足轻重的地位。日本女子早上出门前要花很多时间化妆，一早遇见的日本女人中，95% 以上是精心化妆过的。为美得极致、美得无瑕，日本女子也最爱在地铁的洗手间补妆。她们旁若无人，无所畏惧，从化妆包里拿出眉笔、唇膏、闪粉和各种化妆用具，修补仙子一样在脸上涂涂擦擦，为下一站的美艳见面做准备。我常常会想到，一期一会，这个日本味浓重的茶道用词应该也适合化妆。

从前的妆容最重要的是画得精细，画得完美，画得无瑕，画得和自己的本来面目完全不相干。她们在脸上涂脂抹粉的拼命劲来自传统，但日本女子也向来以西洋美女为审美标杆，就会觉得自己眼睛不够大、鼻梁不够挺，睫毛不够长而曲，所以卖命以化妆求一个千人一面的洋娃娃面孔。

化妆的第一步是皮肤的基础保养，在基础保养上她们也做了惊人的功课。其实日本女子的皮肤占尽西洋的白皙和东洋的细腻，实在已经是天生尤物。夏日东京全城清凉装，美女们个个肤质胜雪，真是养眼的风景。最让我叹为观止的是围绕鼻子的清洁术。为了让鼻子上的每一个毛孔都细致洁净，发明了一种去黑头的魔术贴，贴上这种魔术贴后（还设计了黑版和白版两种），

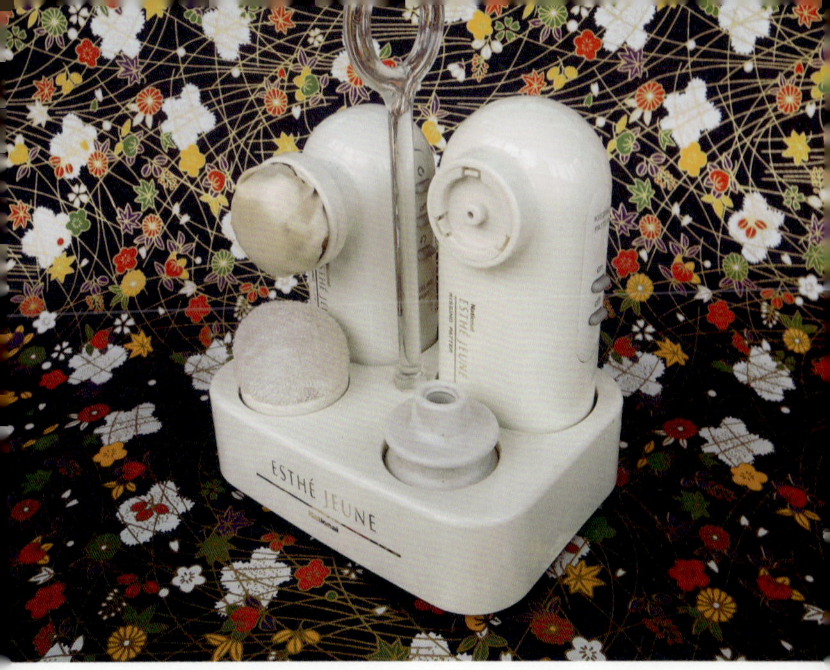

整个鼻子就像是雕塑成型前的毛坯，充满实验开始前的神秘感，而第一次做这种实验的人在毛胚揭下之后一定惊得花容失色。

每个女子登场前那一丝不苟的敬业就是做日本女人的前提。

直到最近两年，清简灵性的森女系出现，裸妆风潮终于逆袭，势不可挡，才将东洋美女魔法化妆术简化许多。

而不取悦男性、真我、个性，终于成为日本女性最主流的关键词，处处雷同的日式化妆也许终有希望退位给风格二字。

推荐：美容仪器

场所：**マツモトキヨシ**（MATSUMOTO KIYOSHI，“松本清”）药妆连锁店

交通：各主要 JR 站点附近

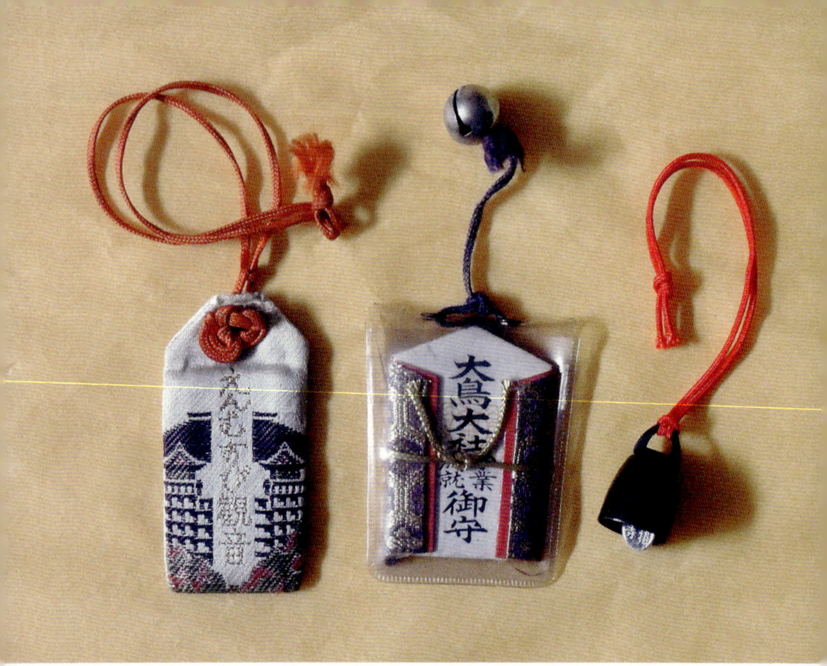

寺院

第一次去浅草寺，是初到日本，人疏地生，对将来的信念和茫然像两股水流同时冲击着自己的心脏，发热，也发慌。日本人新年去寺庙拜祭迎新的习俗，叫“初诣”，在浅草寺的许愿池前，我恭敬地洗手去尘，在大殿外上香，去殿内蒲垫上跪倒虔诚求愿，青烟袅袅中，看见佛像庄严稳重的笑容，心底依旧像是热血的青年。

后来又断断续续去过京都、奈

推荐：平安符
场所：奈良市五条町 13-46，唐招提寺
交通：JR 奈良站或近铁奈良站，搭乘巴士至唐招提寺站

＊《日本人はなぜ美しいのか》2014 年由日本幻冬舍出版。作者枡野俊明是曹洞宗德雄山建功寺住持和庭院设计师。

＊＊日本茶道茶席布置中的插花形式以一支为美，是传统日本茶道中的简素、留白、不对称等审美观的体现。

良、镰仓的许多寺院，有观光客爆棚的清水寺、东大寺，也有简素的龙安寺、南禅寺，诞生于飞鸟时代最古老的木结构建筑法隆寺，以及中国唐代鉴真修建的唐招提寺。不知觉中，喜欢上了一个人在龙安寺的西源院里，看白沙泻地的庭院；在南禅寺的顺正书院品汤豆腐的禅意；在唐招提寺的琼花池前默然发呆；在镰仓的圆觉寺前看禅修的僧人在晨钟里扫落叶。

奈良圣德太子六世纪将佛教引入日本，日本古代文化在建筑、雕刻、绘画和装饰艺术上进入了辉煌的时代。我对佛教的浅识似乎也从佛像开始。在法隆寺，看过从飞鸟时代传下来的佛陀雕像，金堂里的释迦三尊面容慈悲，嘴角微微上翘，笑意优雅古典。后来在柬埔寨看着"高棉的微笑"，感觉特别熟悉。而兴福寺的铜佛头，儿童似的表情单纯干净，眼神中的美，一下就击中自己。我也喜欢药师寺供奉的药师如来，面容庄严有力，嘴角一些下坠，带出尘世间喜悦中的悲苦。旅行中慢慢变得喜欢去寺院走一走，看佛像，也看每一家寺院前的日式庭院和庭院里静静的石灯笼。

看寺院看佛像的时候，心慢慢地疏离现实，每一个眼神，每一个表情，每一种姿态都完全不同。每个年代都会有无名的工匠留下艺术风格独特的佛像，有时从早上看到下午，不觉时间流逝，几千几百年的光影回转在身边。寺院成了一个可以寄放不日常生活的地方。

日本寺院不但是一个安心素朴的地方，又是日本古典审美的集中地。日本禅寺的住持、日本庭院的设计师枡野俊明在《日本人为什么这么美？》*中谈到，简素、自然、幽玄、脱俗、静寂是日本寺院独有的审美气质，而日本茶道、茶道里的单支插花**皆起源于此。冬日雪舞、春夜月樱、碧莲卧波、红叶碾尘，四季的景最好看的都是在寺院里。

去年夏天回到日本，酒店在浅草寺附近，每天进出都会穿过商店街观光敬香的人海。第二次来到浅草寺前，十五年时光已经过去，燃着的香炉如未曾熄灭过一般，灰起灰落，汹涌的香客一如多少年前。现世的每一个人、每一段人世都曾经因为各种"需要"——爱、尊重、价值、财富……而求神保佑。经历过福岛惊涛骇浪的大地震后，这一次在写着各种愿望的许愿树前看到最多的是写了平安的字符。

流水年光，每一寸离去，都在刹那的眼前。

香

“缘字诀，几番轮回，你锁眉，哭红颜唤不回。纵然青史已经成灰，我爱不灭。繁华如三千东流水，我只取一瓢爱了解，只恋你化身的蝶。你发如雪，凄美了离别，我焚香感动了谁……”嘻哈的周杰伦在方文山的歌词里总会变形。如今，汉乐府里“山无陵，江水为竭，冬雷震震，夏雨雪，天地合，乃敢与君绝”的情歌不再响起。香，不论香水，香氛，线香，香熏，都似女子的私人宝藏。只要打开，合适的一闻就喜。有时，香是一件盔甲，有时，香是一帖魔药。

最爱的是那样的香：去农家尝明前绿茶，还在铁锅里的茶叶清香；江南夏日雨后的栀子花；秋日里满街的桂花香；冬日烤松茸的香味。

因为爱香，到哪里旅行，都会入手当地的香留作纪念。最早识香，是那年在西藏。雪山、经幡、转经筒、朝圣者，松柏枝煨桑，酥油灯长明，呼吸的空气也常带着苦涩的药香味。后来常去日本寺院，微红的铜质香炉中总是燃着信徒的贡香。在紫雾青烟中微熏，在醇浓的檀香里迷神。

香水自然也是心头好。日本几位服装设计大师出品的香水走的依然不是寻常路。

三宅一生 1992 年版的“一生之水”，起名和三棱柱瓶身的简约设计，都深得三宅一生追崇“越少越美”的东方禅意。香水前调主睡莲之清朗暗香，中调和后调又注入春天森林的气息，并不甜腻，讨得许多独立女子的欢心。

川久保玲的 CDG 品牌在 2002 年出过一个熏香系列，风格和她的服装一样特立独行。产品分成蜡烛和香水，有五个系列，分别向世界五大宗教之城致敬。有一款是 KYOTO，灵感来自日本京都的冬天。古都的雪天，只剩下绿色的雪松，一角飞檐，灰衣僧人。柏树、柚木、雪松的草根香，宁静单纯。许多人会用它来做瑜伽冥想时的熏香。

最想闻的是老而弥坚的山本耀司已经绝版的传奇，1999 年版的 YOHJI HOMME 男用香水。据说用力够猛，在甘草和大茴香中，加入甜点用料朗姆酒和咖啡、可可、肉桂，

后调还有皮革味道。这些味道彼此之间应该难以相容，闻香之感更是无法形容。

嗅觉之外，香还是女子心上的软肋。如果被一种香气点中了死穴，就会一直拒绝用新的品牌。友人喜欢日本设计大师 KENZO 的一款乳液，其实就是稀松平常的康乃馨花香，偏偏乳液是康乃馨花香的那么稀少，每次进免税商店就像打过鸡血一样直奔 KENZO 专柜，我对着她飞去柜台的背影，常常想这瓶 KENZO 的味道，一定是让她在肌肤上闻到了久远爱情的味道。

推荐品：线香
场所：各地寺院

虚拟与现实的边缘

许多次行走，都带着孩子同行。那些为孩子留下的时光，像一个个沉默的琴键，只要手指飞扬，每一次都有不同的音调流出。

东京的SEA迪士尼，灵感来自全世界的神秘之海和各个海港的传说。夜晚的水上音乐剧，主角是两台巨型钢筋机器人装置，音乐、灯光、水幕、火焰组成了超现实视觉大片，机器人在水与火的对话中呼啸剧情。

日本未来科学馆在东京最浪漫的台场，远看是一艘巨大海轮，内装属于后工业时代的金属风格，有球形剧场、影音图书馆。最酷的是镇馆之球GEO-COSMOS，由3000多片彩色LED灯组成的直径650厘米的球形屏幕，不间断地显示卫星传回来的地球面貌。馆内最吸引人的不是对未来科技的方向的静态展示，而是孩子可以玩耍的互动机器游戏，连接起"未来"和"我"的关系。

互动体验丰富的另一个去处是日本国立科学博物馆，在绿草清香的上野公园里。恐龙时代以来的仿真生物标本逐一登场，像恢弘的舞台剧一般，一点一点揭穿地球生物基因变迁的秘密。在这座外形古典的博物馆建筑中，最多的尖叫声来自一个巨大的互动广场——模拟自然界声音的多媒体场景沸腾着一个又一个孩子头脑里的小问号。第二次去那里的时候，看见过一位美丽的日本母亲带着两个孩子，她一边很认真地给手推车里的脑瘫儿子讲现场的故事，一边还不停地向独自玩耍的女儿送去微笑。

在东京还有一个和科技有关的地方可以带孩子去，那就是TOKYU HANDS。其中一个楼层就是充满奇思怪想的科学发现的训练营，科技新品就像气泡一样缤纷升腾。天文爱好者也可以找到高倍星际望远镜和星空投影仪等各种稀奇古怪的装置。

秋叶原的"东京漫画中心"是逛过手办店后常漏掉的一个好地方。其实这里才是动漫迷的追根溯源地。秋叶原UDX楼里有动漫企划展览和漫画家的原稿展示，更能看到许多独立风格的小众动画片。

东京的不少街区真像一个躲藏

各色对撞秘密的迷宫，秋叶原也是这样的地方。古旧与潮型搭配，科技与手工并重，在电器一条街的缝隙里挤满了一间间不相干的动漫专卖店。漫画中的各位主角的模型真人一般与手办挤在一格格的玻璃小鸽笼柜里，向外张望着世界。是那些小小的人儿淡定地控制着痴迷漫画的欲望买家。也曾在一家隐秘店铺的尽头，看完全世界第一个以全息投影技术制作的虚拟偶像歌手初音未来的演唱会。在那个嗓音和魂儿都直逼真人的歌手，在电子设备关闭后突然消失的一瞬间，我眼里的真实世界彻底沦陷了。

深重亚文化气息的秋叶原，原本只是日本电器和日本动漫混杂的一条街，这两年也陆续出现了面向科技和设计的新面貌。一系列D-AKIHABARA企划案由庆应大学推出，建筑、汽车、家电、平面设计和3D剧院都在规划的图景中。一直在动漫的天堂游荡的孩子们几年后还可以同时遇见秋叶原十分未来感的一面，虚拟越来越逼近我们的真实。

推荐：动漫手办
场所：秋叶原
交通：秋叶原站步行5分钟

镰仓以北

北镰仓的车站。

青空下架着细密交叉小径般的粗壮电线，裸露的铁轨，人工升降的斑马色铁道护栏。

铁轨对面是白底黑字的寺庙灵园的户外广告，“创业四百年石长”。像是一下写出了镰仓的一部分历史。

镰仓寺庙众多，镰仓时代佛教是日本佛教史最重要的阶段之一。当时虽然存在贵族和武士双重权力，但因为武士势力的强大，政治中心也由京都转到了镰仓，在与当时贵族佛教对立的下层社会的需求中日本产生了新佛教，专注于下层百姓的拯救，源头来自宋朝，镰仓五山为重镇。

细窄的铁轨，直伸到了镰仓五山之一，镰仓时代开启的临济宗派圆觉寺门口，寥廓清素。

圆觉寺山门，四百年历史，全

木结构，飞檐凌越，悬地而起，气势凛然。

依然是在圆觉寺坐禅的夏目漱石1910年的小说《门》中的景色——踏入山门，满眼就是巨大的杉树，连天空都全部被遮掩了，脚下的路仿佛也暗淡了，空气一下子也阴凉不少。

杉树下有安静排队等待坐禅的长长队伍，恍若剧烈瀑布渴望在一跃而下之后可以成为那条无声的细流。

爱与罪，罪与罚，欲望苦难与困惑，挣扎与冲突。

一如100年前《门》中的男主角宗助在这里的坐禅。

这里也是向西方推广日本禅的伟大学者和思想家铃木大拙*的参禅地。山门一角的告示板上写着夏季坐禅时间是早上六点到七点。

我十年前的照片记录的坐禅时间是五点半到六点半。十年可以看出来的变化好像就是这个。

川端康成《千只鹤》茶会原型地

穿过山门和佛殿，走过日本最古老的仿唐建筑舍利殿，是佛日庵。

喝碗抹茶。川端康成的《千只鹤》就是以这里的烟足轩茶室为舞台的。草庵式的茶屋，窄小的门窗，朴素暗淡的室内，都是日式独有的那份空寂，只有红色大茶巾耀眼。

每年也会由不少影迷出现在圆觉寺另一角，为“无”字碑的小津安二郎墓地献花送酒。北镰仓车站先是出现在《晚春》一个镜头中，后来镰仓也成为他逃离东京后的居住地。

有着最好的玫瑰庭院的镰仓文学馆也在不远处。三面山一面海的自然环境，加上悠远历史，从明治到昭和期间，随着横须贺线的开通、古都保护法的设立，镰仓聚居了从各地而来的作家、诗人、歌人与电影导演。这些名字和他们的手稿、传奇人生都可以在馆里找到，川端康成、小林秀雄、太宰治、三岛由

纪夫、正冈子规、吉屋信子、与谢野晶子、夏目漱石、芥川龙之介、大佛次郎、小津安二郎……

一如当年的五山文化，没有一个地方如镰仓那般重重包容了深厚的禅宗文化与文学大家。

乘电车返回，大船、户冢、横滨……一站又一站。镰仓时间就要变回没有日夜区分的东京时间了。禅与文学影像讲述的爱、美、命运、生、死，这些属于镰仓的主题很快就被淹没了。

车过品川，就是东京不夜城了。

推荐：小津安二郎手绘明信片
地址：神奈川県鎌倉市長谷 1-5-3，鎌倉文学館
贴士：周一闭馆
交通：品川站乘横须贺线至北镰仓站，徒步或换乘“江ノ電”巴士到长谷站

＊铃木大拙（1870—1966）日本金泽人，曾留学美国，是向欧美传播日本禅文化的大佛学家。毕生致力于日本禅学的英译和西方哲学的日译，著述丰富。曾在镰仓圆觉寺师从高僧学禅修禅，晚年居住在镰仓。1949 年获日本文化勋章，为日本学士院委员，1963 年被提名诺贝尔和平奖候选人。

食物系

菜单

一向固执地认为菜谱是世界上最好看的文字之一。不但《红楼梦》里官宦世家的家宴食谱风光卓然。宋孟元老在《东京梦华录》（邓之诚注，中华书局，2010）里写“州桥夜市”的菜单，爒冻鱼头、辣脚子姜、夏月麻腐、鸡皮麻饮、砂糖绿豆，甘草冰雪凉水……也令人遥想旧日里的馋人夜市。袁枚的《随园食单》更是爱不释手。就算家常菜谱，我也一样爱看，当季的新鲜蔬菜瓜果，就是餐桌上的春夏秋冬，是精进厨子和主妇琢磨过的密密心思。

日本正牌和风菜单除外，我最喜看的还有和洋混搭的那种。自明治维新开始，日本在生活方式上一直有崇洋风尚，美食上也孜孜以求西洋的美味。在古都奈良春日大社，吃完抹茶茶粥、和果子，最后端上来的还是一杯咖啡。

参加完日本朋友的一场婚礼，收集到了一张和洋结合的婚宴餐单。前菜里，和风浓烈的“松”“竹”“梅”，搭配生猛西式的“生火腿”，主菜是传统日式生鱼片，也有西式“奶酪煎伊势龙虾”“红酒煮和牛”。餐后甜点又是西式的慕斯蛋糕。再看看餐单上每道菜名前设定的形容词，都是用心良苦的祝福——“夫妇鲷*，阳光一样的姿态”，配的是真鲷刺身；“温暖的内心”，配的是鲷鱼泡饭。一样的材料，感觉如此冰火两重天，却也讨喜贴心。

去东伊豆玩，住在有分店的酒店里。总店有传统的日本料理，分店又有洋式西餐，特别能满足变化的口味。一个叫“舞扇”的纯和风食堂，每人的餐单用的是阿波和纸，毛笔书写，蝇头小楷，秀丽清雅。前菜、刺身、天妇罗、酱汤、甜品都是日式，而当中又夹着西式的铁板牛肉。分店吃的是法式料理，有法式寿司，蘸汁是法式油醋汁和芥末沙司。

家常菜单中也多有这样的和洋混搭。在京都小店，我吃过用意面的番茄味茄子浇头搭配传统日式素面。在六本木 TORAYA CAFÉ，有一道红豆可可 FONDANT 甜品，是以红豆、巧克力、肉桂、朗姆酒为材料，混合出蛋糕，浇汁是抹茶调制，甜而不腻，再配以清香土佐煎茶，干净无敌。

前几年日本有过一本超人气的健康减肥书，《体脂肪计 TANITA 员工食堂》，是一家生产出可以测试各种健康数据的体重计公司推出的健康美味菜谱，因为健康美味的饮食概念，TANITA 的菜单概念延续至今。书中有一些盐麹菜谱，是最健康的发酵食品。仔细看后发现“塩麹”（しおこうじ）原来就是类似中国的酒糟，是用米曲和一定比例的盐、水混合，经过一段时间发酵而成。酒糟这种只在上海超市的角落才找得到的不起眼的配料，却一向与我投缘。夏日里，一碟酒香深沉的糟青鱼会让死气沉默的胃豁然开朗，所以盐麹自然也深得我心。这种古老的发酵食品重发少年狂，贴上了减油、减糖的标签后，以盐麴做底料制成的各种调料就是百搭，传统的鱼肉料理都可以与盐麴为伍，盐麴梅还可以加在寿司里，也可以替代牛肉酱做成和风通心粉。

某个夏日黄昏，捧着NHK的《今日料理》杂志，认真记下大分县有三百二十年历史的“麴本屋”的现任女将浅利妙峰的盐麴菜单。不知道会不会成为家庭派对餐桌上的小清新料理——玻璃盘子里，柔软细致的日本素面、乌冬，拗成了一朵朵小口玫瑰花形，只搭配自己制的盐麴、だし麴**、纳豆麴三种酱料，是最清淡爽口的夏夜料理。

推荐：NHK《今日料理》月刊
场所：JR站点各书店

*鲷鱼的日语发音不但含祝福的意味，而且雌雄鲷鱼始终一起生活的习惯也是百年好合的象征。

**だし是日本式传统高汤，是一种以昆布、鰹節等天然食物制成的日本料理的基本调料。

水生芥末

非常喜欢伊豆，一直去也不生厌倦。在网上订一间靠海的小旅店，白天在小街随意逛逛，周边也通常会有水准不差的乡土资料馆、美术馆。如果是夏天，一定会碰到当地的夏日祭。在热海小镇遇到传统祭祖巡游，在深蓝天幕下欣赏恢弘的太鼓表演，穿过银河瀑布似的烟火大会，驻足街边吃乡土料理。比起东京，这里全家人出动，有着对古旧祭祀的全身投入的热情，好生热闹。

看海，吃伊势龙虾，夕阳里泡温泉，人生享悦，此刻也已经消受六七分，这六七分里有一样是吃到了伊豆的名物，新鲜“芥末”。之前我只知伊豆海美，“舞女号”列车有小说况味，龙虾鲜香，温泉本真，没有想到伊豆还有一样销魂之物，不是弹指欲破的水果啫喱，而是天城产的山葵。

这山葵由服务生小半根送上餐桌，绿波翠生，又全身虬节盘错，老嫩莫辨，只看得喜欢。服务生递来剥皮板和剥皮器，第一次尝试动手做新鲜的“芥末泥”。法餐中搭配如此噱头，自然是观光客求之不得的惊喜念想，我费劲地刨好了这山葵，配吃法式煎鱼，食感新鲜有趣。

每个国家都有自己风格的辣味，日本权威杂志《和乐》排名，山葵名列日本食物国宝 TOP10。从奈良时代起入药，到江户时代才用到寿司和荞麦面中，这种作为食材历史不长的原生“芥末”在日本也越来越珍贵。未想原来粗粝随意的山葵却是对生长环境中水的纯净度非常苛刻的一味食物，回肠荡气的尤物是在深山里的水渠长成，生养环境标准配置就只有“水”——山泉，泉水温度也在 8 ~ 18 摄氏度之间。到现在全日本只有 1000 人在种这样纯正的山葵。伊豆的天城就是少数几处种植地之一，到伊豆才有了这样意外的口水之福。

川端康成在随笔《伊豆天城》（《美的存在与发现》，中国社会科学出版社，叶渭渠主编）中也写过天城的山葵："这里的植物所以繁茂，是多亏得到了包围着半岛三方面的暖流的滋润。……山麓雨水多，尤其是月夜的溪流，常常飘忽着美丽的雾霭。……这里的有名特产是山萮菜和香蕈。天城最感自豪的，是天城的山萮菜居日本首位。是在东京高级饭馆上了席的。这里的山萮地是一笔相当可观的财富。所以有些小偷专门偷山萮菜。"这里的山萮菜指的就是山葵。

另有一个初春早上，窗前，深山清冽，浅溪缓流，山鹃嫣红，翠叶欲滴，早饭吃的是当地芥末味菜泡饭，配着海苔，当地野菜，只加一点酱油、生姜末，辛辣又有回甘的冷冽，竟抵过了厚脂浓膏的海鲜大餐。山葵，在日本就是代表春天的季节语。

山葵纯净、凛然不让人人接近的脾性，恰恰在任何食物中加一点就可以百搭出另一片味觉天地。芥末味豆子、芥末味海苔、芥末味饼干，无芥不欢，只是这些芥末味多半是加了许多的添加物，口感讨喜，却没有最初的清净辛辣。

这山葵养成的深山、泉水和安心传统农作的1000个人已经是天然口味的最后福地了。

推荐：芥末味茶泡饭调料
场所：羽田机场土特产食品专柜店

味噌

推荐：丸米料亭之味味噌
场所：超市、百货店地下美食街

味噌，在日料中是最普通不过的酱料。家常的味噌汤汁只需要一个小锅，放些水，放些豆腐和味噌，料理菜鸟也可以做成暖暖一碗。最普通的味噌酱却让我牵肠挂肚，因为它和我热爱的上海豆瓣酱一样，浓稠咸鲜，百搭无穷，实在是多国籍料理的一等魔法酱料。

占了日本味噌市场 40% 的名产地是日本长野信州。和山葵需要极干净水源的娇贵脾性不同，信州原是土壤贫瘠的山地，是连稻米都长不出来的先天不足的穷地方。普通人家多吃腌菜，腌料就是味噌——熟黄豆磨细再加上大量盐腌成。即使只是用来腌萝卜，也好吃得不肯放手。

从开始的加点豆腐煮成味噌汤，到后来靠山的人家加些蘑菇，靠海的人家加些海带、贝壳，味噌汤水才稍稍豪华起来。不过泡来泡去还是清汤寡水的，不能和我们食料、药材配伍丰满的广东靓汤相比，所以对味噌汤的好感度，我始终保持在温和的状态，没有太多的热情。

不过，味噌作为滋味独特的酱料却让我梦牵魂绕。无论是炸猪排还是烤鱼，只要用一点味噌就会大大提升口味。浓稠中有点咸有些鲜，让面前那一客猪排或者烤鱼的日本定食瞬间妖娆璀璨。最喜欢的是红酒味噌牛肉，朋友家宴中的压轴菜。红酒搭配味噌煮牛肉？当时听介绍，觉得简直是去赴一场绝望的味蕾冒险。但吃完之后，就像是听到冷艳王菲突然唱了一首八十岁诗人谷川峻太郎的童谣，也很有味道。记得当时只想抱抱友人，问问这张绝妙配方的灵感来自哪里。红酒牛肉已经是天然绝配的西式美味，如何能在经典头上搞怪，又好吃无敌，不亚于颠覆《红楼梦》成为林奕华版的《贾宝玉》。

得了秘方之后，热烈地把信州味噌买回来。先用味噌把牛肉腌上半天，入味之后，再生煸，然后是烧红酒牛肉的程序。味噌牛肉里的味噌剂量最难伺候，在许多次的"难吃""难看"之后，终于自家制红酒味噌牛肉也成了家里的招牌菜。

在日剧中，我独追料理日剧。常常会拿出来重看的是一部《料理仙姬》，讲的是年轻女将半田仙怎样守护家传百年老店"一升庵"。她一方面尽全力固守每一份精细传统，另一方面又在传统上反复试验，因为旧的逝去是自然规律，怎样承继才是王道。如今，吃饭已经不再是一件可以完全由着性情来的赏心美事，像味噌这样健康度认证复杂的食品，我既热爱它的稠鲜发酵，又痛恨它的高盐度；也像《料理仙姬》里传统料理店年轻女将的造型，如何在秀雅的和服外面戴好一条条时髦度饱和的围巾，是一道超级难题。

从米味噌的制作方法中派生出的盐麹，创造了这几年风行日本的发酵健康食谱之一，实在可以称得上是以故为新的登峰之作。

米饭

无论如何，我的胃是这样思念日本米。

去欧洲旅行，对西方文明悠久历史、丰厚的底蕴无限仰慕，吃法餐、意餐也心神荡漾，最愿这样永远在路上。只是一个月的期限，鬼使神差最想念的只是米饭。怎样的风土风景都在一碗米饭中消逝。去日本的情况也许是另一种境地，回上海以后一个月，会对着一碗白米饭想念日本。其实不是米的念想，不是水的质地，不是锅的标配，也许最想念的是对米饭的追求，是职人对普通和日常的仔细关照。

有时候，是想它的糯。烧好的那口饭，一勺子盛起来的时候，总有一些藕断丝连，却不是那种水分过量的黏。米粒依然颗颗饱满，油润透亮，可就在珍珠连珍珠似的缝隙间有着些缠绵，像一个初恋小女子回头的眼神。

有时候，是想它的香。吃过最香喷喷的那口饭，是用稻草生火烧的，稻草都是从新潟乡下运过来的。传说大阪有一家店的招牌菜单就是古法米饭。大师傅接受采访时爆料，要烧好一锅好饭，淘米是第一步，只需要淘并过水两次，每一次时间上也有讲究，三升的米约四分钟，淘完之后再浸泡三十分钟。米饭烧开后，煮十二分钟，然后闷二十分钟，最后把在锅里的饭舀到木桶里。等水分散去后，只留香气袭人，顾客都眼巴巴等着第一碗饭。

这样两种时候都不需要再吃菜。就算要配菜，也只需味噌酱菜、柚子腌菜、薄荷酱菜。那一碗白饭实在已经是一等美味。

有时候，还想它的拌饭。最好吃的是鳗鱼饭，一年中只有七月的头几天才有这样的美味。七月的鳗鱼烤过之后，肥腴的鲜稠汤水，慢慢渗进晶莹的米饭，再拌上一点点山椒粉，几乎让人要忘了鳗鱼的好，只记得米饭的美味。茶泡饭也是极有特色的，清简宁静。茶汤，一点鲑鱼末、海苔，再加些山葵，足够。最不可或缺的还是得有一碗好米饭。夏天吃的是冷开水茶泡饭，最考验米粒，硬不得软不得。一碗的禅意，

特別栽培
［もち米］新潟県産
こがねもち
粘りとコシを兼ねそなえた品種です。うるち米に比べ生産が難しく、収量も落ちるため、量に限りがあります。つきたてを切り餅にすると、柔らかくコシのある美味しいお餅になります。
菊太屋米穀店
1kg

成败全在这米饭上。

有些人吃寿司吃饭团只在乎上面或里面的料，我倒一直独爱寿司和饭团的米。真正好的寿司需要最上等的米来匹配，还得吸醋性强，否则再好的料，这一口吃下去照样会牵强许多。

日本传统美食研究家向笠千惠子在《一食一会》里讲了许多“日本味道”，读来对日本米有醍醐灌顶之感。书中她谈到，日本食物的国宝中有一样是“米”，而这个“米”除了煮饭的米之外，也特别指日本饭团、日本寿司中的“米”，这些米才是特立独行的日本味道。

推荐：日本糯米
场所：日本超市

百货店的地下食品街

旅行时的“吃”有许多难忘的记忆。在澳洲的乡村集市喝过家酿的红酒和果醋，在英国的百年市集泡了大半天粘上一头奶酪味，在日本伊豆的集市一边啃传统串烤一边看星星下孩子们的太鼓演出……

在东京旅行，除了当地沿街商铺，不能错过的还有百货店里的地下食品街。那里汇聚着全日本和全世界的美食。

之一，才色俱全的甜品。浓腻的西式甜，像巴黎的夜色，口红、黑丝，入口后再危险还是忍不住跟着哒哒的高跟鞋要去。水果奶油蛋糕，芝士蛋糕，马卡龙，洒了白雪糖粉入口就化的蛋奶酥，夹着彩色宝石一般的水果千层派，加了冰淇淋果酱和焦糖黄油的苹果面包丁蛋糕杯，清爽的贝壳酥、可可卷……

在西式的甜腻浓香中大饱口福

重视传统节气的百货公司地下美食街

之后，还可以看看和风果子清淡诗意的造型。百年以上的老铺都有专柜。一直偏爱“虎屋”的竹皮包羊羹，“夜の梅”的小仓羊羹。比起西式甜品在材料上穷极心智，日式甜品创作人的心思要复杂得多。每一季的甜品都像俳句一样有季语，三月樱花，十一月红叶，中秋满月，冬季飞雪，按照大自然的节奏给城市人惊喜。日本人的生活已经非常欧化，但即便在大都市还是留着按季节过日子的传统。老铺的和风创作，也像奢侈品一样在每一季推出新品。一月有花瓣糕；二月有红梅糕团；三月女儿节，有不同颜色粘在一起的各色粉糕；四月更是有不同樱花主题的果子；五月端午节，有用树叶竹皮半包的团子；七月有做成鲜嫩水草形状的干点；八月有口感滑爽的水羊羹；九月是一年里祭祖扫墓的季节，供奉食品中有特别的“荻花”糕团；十月，就是栗子味的糕团；十一月是各种红叶图案的点心；十二月有当季的柚子馒头。

之二，调味品和风味特产。如果自己想动手来几道日式料理，可以在这里买到日本各地的招牌调料。我最爱的是味噌，仅长野县就有好多家生产“信州味噌”的企业。其中“丸山味噌”还在用一百年前创业时的窑炉，尊古法酿制。口味淡淡盐分最少的白味噌是我每次必买的。

还有一样是鰹節（鲣鱼干），比味噌更珍贵。日本料理的高汤——だし中最重要的一味是上等鰹節。现在已经很少见得到的天然鰹節，被称作世界上最硬的鱼干，制作起来需将鲜鱼反复晾晒，削下表面的鱼干，从第一遍晒到最后制成，要历时半年。除了产地，还能买到上等鰹節的地方，应该就是地下食品街了。当然这里还有最传统的茶泡饭的调料、几十种不同口味的日式咖喱块、各种日本茶。

之三，传统茶寮和西式水果吧。提着大大小小的战利品在茶寮里坐下，来一杯抹茶吧。

推荐：芥末味巧克力
场所：東京池袋西武百貨，東武百貨，地下食品街
交通：池袋站

酒

冬天在露天温泉里泡着，一身冷热两重天，已是极好的享乐，还贪心想着最好再来一杯。一点小酒，几点小雪，像是正好凑齐清少纳言《枕草子》中最爱的“雅致”一景。

酒的性情，是大喜大悲那种，爱的人爱煞，恨的人恨煞。独孤把欢，聚众撒野，可以非常美，也可以非常失态。

一个平日里貌美端庄的日本小清新女子，小宇宙一旦爆发，也会喝到完全没有仪态昏死在地铁站台上，那种凌厉欢畅和灵魂游离是爱酒的人的花花境界，没有喝过实在是无法言明。

日本人不论男女都很爱喝酒。从前的日本男子都有“不归家综合症”，工作一天下了班以后就要去喝一杯，有时候还要喝上几家店，喝到天明才罢休的日本男人也非常

純米吟醸
限定
まぼろし
越乃幻の酒
山田錦 20%
亀の尾 80%
日本酒

多。日本经济不景气时代以来，更多外貌温婉的日本女子变身职场女战士，在公司和家之间，她们需要一个换气的地方，喝一杯，是最好的，治愈的药，忘愁的水，在薄暮的时候。

有一种酒是女子很喜欢的，六月里的梅子酒。有一次去一家人气寿司店，看见回转台上的一个盘子里放着一颗宝贝，外面罩着透明的罩，来回在寿司台上奋力转了几圈都没有人拿，不免好奇，细看原来只是一颗梅子。罩子外贴着售价是2000 日币，比 1000 日元一只的海鲜寿司还贵，可见梅子的金贵地位。到现在每年梅雨季节前后，电视里就会播出梅酒广告，有许多杂货铺子也开始卖自酿梅子酒的广口瓶。六月的信州梅、七月的青森梅，还有梅花蜜都是传统酿制梅子汁、梅子酒、梅子醋的顶级食材。自家酿的梅子酒兑烧酒而成的乌梅酒，加冰块喝，是消暑的女性家常酒，淡淡琥珀色，水果的酸甜味，又带着烧酒的生猛清冽，况味特别。

日本还有一种酒也是一等地特立独行，清冽的金箔酒。从北山文化代表人物足利将军时代的金阁寺，到以“黄金”为审美取向的桃山丰臣秀吉的黄金茶席，华丽的黄金一直是日本皇家美的心头好。京都红叶时节的高级便当箱里有烤松茸，便当箱内侧贴的红叶上也是涂金的。酒里的金箔，细腻像秋风中变了色的叶子，闪着微微的金光，于凌冽烧酒中，还伴着舌尖上最细碎的婆娑。

日本人对黄金有着亚洲人共有的狂热。酒中含有金箔不但显示贵重，还有矿物质成分，或许对身体有益；而边喝酒，边看碎花一般的金箔在水中失散聚拢，定也是喝其他酒没有的情致。

关于“喝酒的趣味”，周作人曾写道：“有人说，酒的乐趣是在醉后的陶然的境界……我的醉大抵都只是生理性的，而不是精神的陶醉。所以照我说来，酒的趣味只是在饮的时候，我想悦乐大抵在做的这一刹那，倘若说是陶然，那也当是杯在口的一刻罢。醉了，困倦了，或者应当休息一会儿，也是很安舒的，却未必能说酒的真趣是在此间。昏迷，梦魇，呓语，或是忘却现世忧患之一法门；其实这也是有限的，倒还不如把宇宙性命都投在一口美酒里的耽溺之力还要强大。”

酒的真趣到底在哪里，只有喝过醉过才知道。

推荐：日本酒
场所：各地百货商店地下美食街、超市

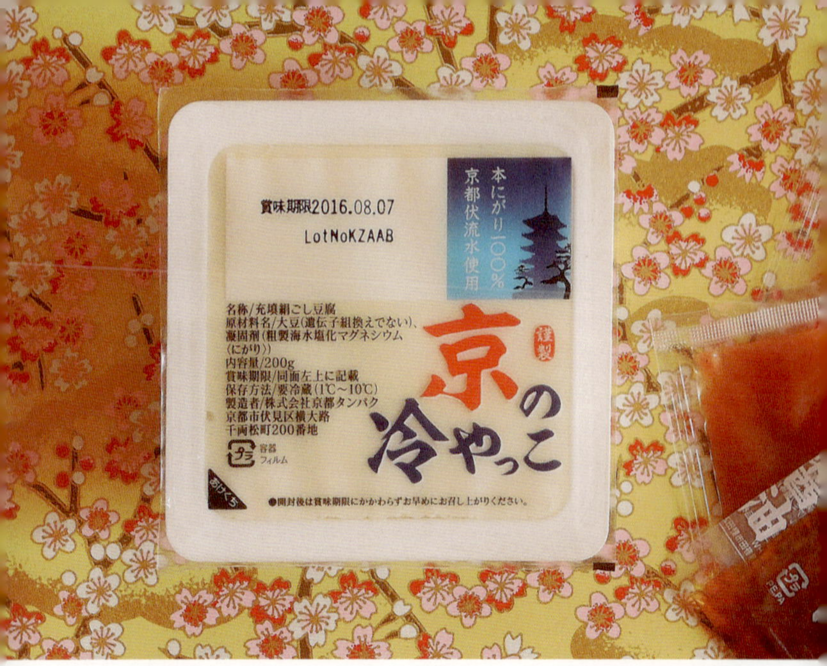

京都豆腐

清少纳言的《枕草子》中最出名的一段是描写各种“雅致的事”。她眼里雅致的事包括:

穿淡紫的内衣,外加纯白的外袍。

刨冰放进甘葛,盛在新的金属碗里。

梅花落上白雪。

非常可爱的幼儿正吃草莓。

切开的鸭蛋。

水晶的念珠。

入得了清少纳言眼里的高雅的事,

每一件都与白色纠缠，与清彻透明相遇。六件高雅的事，三件与吃有关，可见她也是很爱吃的人。爱吃的东西也多在酷暑之日，清淡，冰凉。我私心还可以看到另一样，兼具风情与禅意的夏日神物——京都豆腐。

那年去京都是夏天，酷暑难熬，却也领略了古都独有的消夏景致。和服打扮的京女在自家院门的小石子路上，用小木桶泼水解暑气。歇在鸭川边的露天凉棚，或者去贵船的“川床”*，喝清酒、吃生鱼片。夏日的黄昏里，花间小路旁原木的格子栅栏，穿着白色麻纱京染布的祇园艺伎袅袅的背影……

而我顶怀念的是京都的寺院和京都的豆腐。像龙安寺边上的西源院的豆腐料理，南禅寺顺正书院的汤豆腐，还有至今没有享受到的南禅寺听松院土锅汤豆腐。在那些寺院，享受禅意豆腐的同时可以完满俯瞰千年历史，这种归根溯源的豆腐料理是东京的豆腐料理店怎样也追赶不上的。

京都的水质好，和水密切相关的京都豆腐自然更有高人一等的讲究。“京都的水是美味的基本条件。”一家京都神社豆腐料理店的女将这样评论。他们家是从神社的井里打井水炖汤豆腐的。因为盆地的关系，京都的地下水口感非常柔软。她对水的质地也变得很敏感。后来到东京开店，每天先用备长炭去除水道水的氯气——“做水”变成了每天的功课。汤豆腐的基本食料昆布、汤、豆腐都是离不开水的。烹调过程中顺应季节、气候变化而在料理中再做细微的调整，都是京都人对豆腐料理的极致追求。

京都自家制豆腐本来出身寺院，白玉无瑕，清淡寡素。凉拌的通常佐料只有小碟酱油；汤豆腐里也只有几片昆布、一碗清水，最平常的样子。自家制豆腐不像市售的豆腐，既没有很亮的光，也不水灵；像日本的和纸，如初雪，光线都吸在内里一般。吃的时候舌尖上嫩如鹅肝却无膻味，也不是白水完全无味道，有质地可咀嚼又一嚼融化，还留着一股淡淡的豆腥气，藏在内里的豆子似在与不在之间。

日本豆腐是禅意最浓的一道料理。

推荐：豆腐
场所：京都市左京区南禅寺福地町 86
交通：京都站搭乘巴士到南禅寺·永观堂道站，步行 10 分钟

* 京都贵船是日本的避暑胜地，离市区一小时左右的车程。架设在水流瀑布之上或旁边的传统榻榻米，称为川床。

洋货

推荐：咖啡仙贝
场所：東京国立博物館，ミュージアムショップ（博物馆商店）
交通：上野站步行5分钟

日本人实在是世界上最复杂难解的民族混合体之一。平安时代、室町时代深受中国唐宋文化熏染。明治维新以后，经过百年的冲突、淬炼，才在文化上建立了日本与西方、传统与现代文化结合的新模式。可以说，和洋文化的冲突与融合，和魂洋才的价值观，断断续续贯穿了日本现代化的全过程。他们在技术上学习西方，但对技术之外的西方文化心存芥蒂。日本人曾经对西方精神文明极端排斥，也曾主张全盘西化，最终他们采用了西式体制，又保留了天皇，文化依然根植于传统，但逐步引进西方的生活方式。到现在，日本在生活方式上已经是和洋完全融合的国度。

日本的传统节日风俗大多完整保留下来，而西式圣诞节已经成为年度最热闹的一个节日。所有商家都会参与圣诞，西餐、贺卡、圣诞树、圣诞音乐，营造浓浓的圣诞气氛。像 TOKYU HANDS 这样的店还会出售手工圣诞蜡烛，举行手作圣诞贺卡和贺卡留言比赛……一个庄严地尊崇天皇、皇后的东方国家，每一年都那么努力认真地欢度西方的传统节日，在观光客看来那么有趣，实际上只要在日本生活过一段时间，就会了解到日本这国家的底子里已经混血到天然程度。

因为西方生活方式的普遍化，连完全日式的传统也会沾染上西式的印记。有一次在奈良旅行，我在春日大社看完最古老的传统婚礼，出来喝一碗纯日式的荷叶粥，餐后甜品也是日式红豆糕，在日式中静默回味，最后服务生奉送免费咖啡。

衣食住行，完全是和洋混搭，眼花缭乱。最摩登和最古老的百货店，既有国际一线大牌，也有传统的高级和服和配饰。咖啡店比茶店更多。早上吃味噌汤烤鱼白米饭，中午吃通心粉意面色拉，已经非常普遍。日式定食店放的多是爵士音乐。既用西式淋浴，又遍地是日式温泉。和式纸门搭配西式家具……没有一个东方国家可以如此恣意游乐于西方生活方式中。

在东京，每个中型以上超市都可以买到世界各种品牌的奶酪，最普通的车打奶酪，口味独特的蓝纹奶酪，新鲜软滑的法国山羊奶酪，号称最美味可口的布里奶酪，荷兰国宝级奶酪 GOUDA，球形奶酪艾登，有孜然味的莱登奶酪。最惊艳的是日本还创造了独特的芥末口味的日式奶酪，如果在日式酒吧里，可以点上芥末奶酪球做小食。

东京的“D&D”是一家专售外国食品的日本连锁超市，常去的是 JR 东京站那家和地铁品川站出口处的一家，咖啡、通心粉、奶酪、火腿、饼干、糖果、橄榄油、巧克力、红茶等西式轻食统统可以买到。店内还出售各种西式意面色拉，翻新的和洋混合色拉，四季都是春天色彩的蔬菜色拉。

除了食物，西洋 CD、DVD、书、茶具等都能很容易在日本找到，北欧杂货在东京也非常流行。

COFFEE
ORIGINAL BLEND
MUSEUM BLEND
FRESH ROASTED
PREMIUM COFFEE
RICH TASTE & AROMA
TOKYO METROPOLITAN ART MUSEUM

日式咖喱

日本原来是吃鱼的民族，对肉完全排斥，如果不曾有过绝世咖喱把西式炸猪排温柔地包裹起来，那岛国国民一定会继续坚持自己的吃鱼餐单。

被称为日本国民人气餐单第二的“咖喱”，其实是有前缀的，日式 RICE KARI 和印度的 KARI 隔着一个热带大洋。对印度历史和文化有很深研究的日本作家伊藤武在《亚洲美食之旅》中对这距离作过生动的描述。把印度作为殖民地统治的英国人，被印度香料烹制的饮食深深吸引了。吃，吃，吃，吃到昏天黑地，吃到撑死。那些回到英国的士兵没有混合香料的技术，就让印度厨师调配了数十种香料构成的混合粉，装到船上。经过漫长的航海，由于高温潮湿而发酵，因此去掉了各种香料的棱角，散发出魔法般独特的芳香，最后发展为印度也不曾有过的咖喱粉。在印度产的大米饭上，浇上放了咖喱粉的菜汁，成了十八、十九世纪英国代表性的菜肴，这在后来就成了让日本人着迷的咖喱粉。

这种不是和面包配着吃，而是和米饭配合着一起吃的 RICE KARI 带着港口的异国情调，微弱辣甜，在明治时代随咖啡之类的洋货一起涌到了时髦日本家庭的餐桌上。

电影大师小津安二郎的电影母题是家庭，一家子煮一大锅香喷喷的咖喱围着一起吃，也是小津的电影美食。有时饮食就是一个时代的温度计，随着核心家庭的独立化，单身、不婚的人数增多，现煮咖喱这样合适大家庭的美味也随着时代慢慢改变。而方便快速的袋装咖喱很风行，

在超市就能买到含蔬菜颗粒的糊状咖喱膏汤，铝箔袋装，直接在水中加热，倒在饭上就是一餐。也有各国风情的块状咖喱，烧水融化，放入牛肉、蔬菜一起炖煮。和印度、泰国、欧洲的咖喱比较，日式咖喱不辣小甜，最少不了的绝配是白米饭。

今天的日式咖喱，不再具有细致研磨的纯粹咖喱粉外观，太过便

利的烹调方式，让人稍稍怀念那股从孟买港出发横渡印度洋到伦敦的咖喱初香。

在东京电视塔的二楼有一家很酷的咖喱餐厅——“东京咖喱实验室”，餐厅内装出自日本设计界的大腕片山正通之手，充满不折不扣的工业元素。有灰白色不锈钢护墙板，金属味浓重的射灯，安装了小LED屏幕的西式餐桌，装着各种咖喱香料的实验室试管。在这里吃咖喱像进入科幻电影片场。据说这家咖喱实验室餐厅是电视传媒作家小山熏堂的灵感，他想在东京电视塔内为日本人气餐单的榜眼留下一席之地，几轮头脑风暴之后，诞生了这家时髦度抢眼的实验室咖喱餐厅。

能传承，能拿来，还能创新颠覆，这是日式咖喱，也是日式思维。

推荐品：盒装咖喱
场所：日本各种超市

水果

有年暑假，因为去濑户内海的直岛旅行，在冈山转车。冈山本身没有什么特别，附近有个江户时代的皇家粮仓仓敷“美观地区”很有看头，是日本指定的国家保护区。比上海美术馆馆藏还丰富的大原美术馆让我临时决定在冈山停留一夜。初夏的冈山只让人出一点微汗，很合适慢慢的旅行，先在白墙黑瓦格子窗的旧街道找过古老的提灯店，又去看了间小小的仓敷民艺馆。最后去辉煌的大原美术馆之前，我在柳条纷飞的河边小坐，在车站买下的白嫩绯红的蜜桃和饱满滋润的葡萄，正好是一顿夏日水果午餐。

在没有风景圣地的冈山，当地的旅行指南上，头条必定是“冈山名物桃子”。冈山，一年中多数是晴好天气，那样的阳光和空气培育出清水白桃、红清水、白凤蜜桃各个品种，娇媚白嫩，吹弹可破，绒毛柔软细密，捧在掌上满手生香，一口都是蜜水。和水果店的老板聊天，得知令冈山人自豪的冈山桃子最早也是从中国引进的，明治以后经过果农精心改良才有今天的冈山桃。叫白桃的那一种，竟然原产自上海，很甜，每年八月以后才有口福，有点像真正的美女，总是姗姗而来，登场时却必定美艳大方。

除了桃子，日本夏日还有一种水果也不能错过。静冈的蜜瓜，看着外貌和国内的网纹瓜很近，吃口胜出许多。在回转寿司店吃到撑死的一刻，无论眼前的海鲜再怎样生猛都已经没有胃口时，一小块蜜瓜的餐后甜点我却不肯放弃。清爽的蜜水正好是满口芥末和生鲜刺身混合过后的最佳甜品。这很小一块蜜瓜的价格不菲，要400～500日元。静冈的蜜瓜最普通的一个都要4000日元，高级一些的要15000日元，相当于人民币800～900元。所谓高级的就是“一木一果”的种植方法。一条蜜瓜藤上最多可以长十多个小蜜瓜，把其他的都剪掉，只剩下一个，蜜汁都在那一个上了，自然好吃，也贵了。

关于蜜瓜最传奇的一说，是“奥姆真理教”教主麻原落网的故事。

麻原当时隐身在富士山脚下，十分安全。外形彪悍的麻原天生爱吃蜜瓜，每天都买一个，买的都是最贵的那种。乡下的水果店每天能卖出一个那么贵的瓜，店主觉得奇怪了，聊天时和当地的警察一说，警察很精明，认定麻原藏在附近，就开始跟踪每天来买瓜的人，最后将麻原抓住，一代"枭雄"就这样葬身在蜜瓜上了。

在日本过完夏天回到上海，我经常疯狂想念蜜瓜，会在市场上、小摊上、高级百货店的地下超市里狗仔似地找瓜，买对的时候很少。所以到日本过夏天，水果不要错过，贵是贵一点，可以多吃几顿代替正餐，桃子、巨峰葡萄、蜜瓜、西瓜，样样好吃。

推荐：静冈蜜瓜
场所：日本百货店地下美食街、超市

手工系

古梅园

奈良的近郊，像一个古旧的时代开着倒车停在眼前。一个人去看幽远广漠的药师寺和唐招提寺，地铁车站下来长路走过去，一旁是无边的稻田麦浪，一旁是深锁的百年老宅。

寺院内，一地的白沙砾、大缸的白莲花、藏在深暗光线里金色的佛像，相看不厌的一个下午。

从唐招提寺回市区，天阴雨。车站商店街，黄昏淡雅无色，人影清薄。又走了很长的路，突然看到了“古梅园”三个字的暗金色店招，高飞的屋檐，木格子栅栏外墙，无光的棕暗色原木店铺，整整占了半条街的门面，深远历史的店铺保留得如此完整，让我有些措手不及。

日本最早的墨就是诞生在奈良。而古梅园，四百六十年历史，十六代传人，日本制墨的标签店。

店铺内光线温润，细长的玻璃陈列柜台里的那些墨，如矿石一般泛着深邃的光亮，价格几千、几万、几十万日元的都有。女店员有着和店里光线一样温润的安静，她细心地问我需要怎样的墨，送人还是自用？

我只先说看看。一种黑，如年轻长发一般乌黑透亮，是以菜种芝麻等植物油原料为基础的油烟墨；一种黑，如没有星星的漆黑天空，是以松树油脂原料为基础的松烟墨。也有在墨中加入红花药材的，或是嵌入金箔的，还有墨上彩绘浮雕人物山水的。有书道用墨，抄经用墨，绘画用墨。一时像是进了墨的博物馆，看得意飞身迷。

一块小小的墨就是一颗繁复手工的心。采烟、溶胶、入模、灰干燥、风干燥、打磨、上色，缺一不行。最普通的一块墨一个流程也要等上半个月，高级复杂的墨更是要制作三个月以上。店里也有体验墨制作过程的见习机会。

店员介绍，古梅园的制墨技术至今还是延续中国古方。而店里的招牌墨——红花墨，也是从奈良近郊春日山上采来芳菲萋萋的野花野草，细细挑选后，提取植物液汁倒入墨液的模子里制成的。

突然就想起作家王安忆的长篇

四三〇年 記念
官双鳳
古梅園製
とても良く枯れた油煙墨です
官

小说《天香》中有一段，读时记忆最深，是写明末“天香园”内造墨。少爷柯海挑来经验丰富的制墨师傅采烟溶胶，点起千盏油灯，灯火不灭，既像萤火虫，又像长生殿。一夜又一夜，是天香园的胜景之一。王安忆小说中制墨的盛况即使只在文字中读来也已经让人心醉神迷。

而制墨技术达到鼎盛是在我国明、清两代。当时的制墨家还在墨中加入麝香、冰片、檀香等贵重药材来增添香气，或用芍药皮、石榴皮、朱砂来增色。作为日本墨制造重镇的奈良，最初是在这附近的兴福寺里造墨，到 1739 年，古梅园第六代店主松井元泰和清代制墨师傅交流后，技艺精进，才使其成为日本制墨界的顶尖老店。

时光流水，从前的种种手作情趣都在慢慢消散。眼前的这些墨，却保存着那个时代的痕迹，还留着自己的芬香。在我正在为到底选哪一块墨犹疑不决时，一块“官双凤”出现在柜台下，望着我。

在上海福州路笔墨博物馆的一次展览里，我见过曹素功的典藏老墨中，有一块叫“白凤墨”——介绍上说，它是古梅园开店四百三十年纪念典礼时，请同为四百年老店的曹素功定制的。一问店员，果然这块“官双凤”当年是和上海的“白凤墨”作为对墨一起定制的。

店员交给我这块限量复刻的“官双凤”时，套了一个清简的纸袋，纸袋上是日本文豪夏目漱石的书画，早春粉梅墨枝图清新淡雅，行书则高山流水一般清幽。

回到住处，打开白桦木小盒，一阵墨香，时间已经又过去三十年了。

推荐：古梅园墨

场所：奈良市椿井町 7 番地，古梅園

贴士：周六、周日、节假日休

交通：近铁奈良站步行 6 分钟；JR 奈良站步行 10 分钟

手工之城

民艺家柳宗悦鼎鼎有名的《日本手工艺》一书，我看得最细致的是书后 500 多条详尽无边的注释。从南到北，从东往西，柳宗悦带我们在地图上旅行，认识每个地区制造和使用怎样的器物。一只信乐陶碗，半张美浓和纸，整匹染布，在书里都有碎碎密密的深邃前生。

在《日本手工艺》里还收获了一件很有趣的事。柳宗悦分析说，日本一直是手工艺优秀、尊重手艺人的国家，这从日语里中许多带"手"的字上可以看出来，像"上手"（优秀，擅长），"下手"（笨拙），"手堅い"（扎实），"手並み"（本领），"手柄を立てる"（功劳），"手本"（榜样），这些平时不曾留意过的词语，仔细阅读后发现都与手的神迹相关。

如今，那些带着各地优秀职人手工温度和日本之美的陶瓷、棉制品、金器、漆器，木器、竹器、纸张，和世界各地的奢侈品牌一样在东京华丽的百货店里贴着最昂贵的价格出售。

不过，东京令人动心之处还不是百货店里高价出售手工艺品的柜台，而是都市承继手工的传统——可以 DIY 日常生活的 TOKYU HANDS 店，那只一见不能忘记的手的标记。

东京的 TOKYU HANDS，现在全国有二三十家连锁店，最喜欢的还是涩谷的那家。不比历史稳重的银座，也不是歌舞霓虹的新宿、新锐蓬勃的丰洲，涩谷有着一股乱糟糟的青春热血，不是太年轻又还不到熟年，时髦中有品质，恰恰轻熟的气场。

TOKYU HANDS，其实就是 DIY 素材工具馆。5 层楼面，一天逛不下来，绘画、设计、摄影、陶艺、纸艺、雕刻、化学实验、厨房用具，粉墙涂料、水电木工、花园清理的各种工具，包扎、防灾安全用品，派对布置、插花材料等等，样样网罗齐全。

这里也是灵感之城。

一个最普通的黑釉陶锅，揭开一看有少许的石子，没有煮出一锅焦香浓腻的石锅饭之前，陶和石，黑和白，这里躲藏着设计人侘寂的小小宇宙。

这里最终还是手工之城。

每年都有手工设计大赛，从中评选出最有创意的人和手工品。店里常年开设手工教室，人人可以预约听课。没有时间参加课程的，店堂里也有短期课可以玩，做银饰、做陶器、做木工、做料理、做卡片，让手动起来。

有这样一个巨大的手工城中城在，手工不会消失。

每次回到东京，行程单上必有的一站就是这里。

推荐：陶瓷绘画笔
场所：東京都渋谷区宇田川町 12-18，東急ハンズ渋谷店
交通：涩谷站步行 7 分钟

创造独一无二的自己

手工之城

地图

日本人对地图的嗜好已经是骨灰级别，再迷你的书店都有地图专柜。日本当代的地图绘制技艺源自西方。明治维新时，传播物理学、天文学、地理学的风尚让日本重视科学和各种精确的测绘技术。日本的地图册细腻无比，制图人的笔像高明的外科医生手上的那把刀子，每一条血管、每一根神经都了然于心，解剖得清晰无比。

几年来在旅途中，我留下了许多厚薄不一的免费地图，很有意思。

之一，东京地铁沿线步行地图，是 2004 年开始举办的“我喜欢的散步风景”活动发放的资料。上野站周边，八公里、三小时步行路程的区域，全部手绘。就像是住在当地有年份的人给你画的指路地图，有着旅行手册上没有但很有特色的小地方——“一字一字雕刻达人”驻店的板井招牌商店，藏在四楼的日本传统的“太鼓馆”，特色美味的炒面面包店，还有专门卖祭祀品的商店。而池袋，这样一个重口味的购物地，有一个安静清幽的杂司谷灵园，是夏目漱石等文化大家的墓地。东池袋站周边扎堆的是香火气浓重的护国寺、本传寺、高岩寺、稻荷神社、地藏庙。如果没有这样珍贵的手绘地图，就算看过《孤独星球》那样的王牌旅行指南，也还是会错过许多原汁原味的当地风情。

之二，伊豆旅行留下的手绘地图，是在住过的一家老铺里拿到的。正面是旅馆三层楼的平面图，标注露天温泉、餐厅、演出舞台、怀旧商店街的所在地；反面是餐厅、温泉、商店街开放的时间，总店和分店之间、旅馆和地铁站之间接送巴士每天的发车时间。周边的温泉地也一一标出。最细致的是，地图上标出了第二天在房间里可以看到日出的时间是 4 点 45 分，并且写明一周中每天的日出时间可能是不同的。

之三，上野国立西洋美术馆“大英博物馆”古希腊展品特展中，针对小学高年级到初中学生的参观指南。手册以独特的思路设计了与展览相关的六个问题，插入展品的照片，用彩虹的颜色组织分类，起名“初

成就院のあじさいは来年にはもどりますように~!!
江ノ電駅員オススメ!
あじさいコースMAP
ゴールデンルート
長谷駅 徒歩6分 光則寺 徒歩5分 長谷寺 徒歩6分 御霊神社 徒歩9分 極楽寺駅
もちろん逆ルートもアリですし自由にたのしく散策してね
光則寺
KOUSOKUJI
7:30~日没
拝観料100円
種類豊富に取り揃えられた鉢植えのヤマアジサイが見ものです!!
見ごろは6月上旬くらいまでと早めです…
長谷寺
HASE DERA
8:00~17:00
拝観料300円
散策路には40種以上約2500株のあじさいが植わっており壮観です!海や街を眺められる見晴台もオススメ!
※混雑時は整理券が配布され一旦外へ出ることが可能に!
御霊神社
GORYO JINJYA
境内自由
社務所9:00~17:00
境内奥に続く近道
近道
江ノ島にもそこかしこにあじさいが咲いています!
エスカー2区付近の池のまわりに群生するあじさいはオススメです。
夜はシーキャンドルからきらめく湘南の夜景をおたのしみください!!
江の島シーキャンドル営業時間 9:00~20:00
ONE POINT
江ノ電マスコットキャラクター えのんくん
創業当時の姿を残す江ノ電唯一のトンネルです!
極楽寺
GOKURAKUJI
9:00~16:30
茅葺きの山門前にポツポツ咲くあじさいが可愛い
※境内撮影禁止
極楽寺駅
ENODEN
GOKURAKUJI sta.
GOAL
成就院のあじさいは見られません!
2015~2017年(予定)は見ることができません
成就院
JYOJYU IN
8:00~17:00
2019年に創建800年を迎えるにあたり改修工事を行います。樹齢50年のあじさいも植えかえし参道も工事を致します。
階段を登った人のみが見ることのできるオーシャンビュー何度見ても良いものです
力餅家
5月中旬ごろまでは草餅で力食え!
線路内での撮影は危険です!沿線の民家敷地内へ入っての撮影はおやめください
江ノ電一日乗車券「のりおりくん」大人600円 小人300円 券売機でお求めになれます♪
長谷駅
ENODEN
HASE sta.
START
電車が行き違います!
窓口モニターにて長谷駅の何だこれ?随時更新中!
長谷観音
藤沢駅行バス停
for FUJISAWA(BUS)
鎌倉駅行バス停
for KAMAKURA(BUS)
長谷のメインストリート!お土産屋さんやごはんやさんが立ち並びます。道が狭いので気をつけて
星ノ井通り
134
江ノ電 降旗

级护照”。带女儿看展览，先翻开这本精心设计的小护照，向女儿提出问题；看完展览，对照这些问题细细回忆，检查两人记住了多少。这是最有收获的一次观展经历。

还有一张是我在直岛时拿到的地图。从东京辗转来到冈山，暴风雨中再乘摆渡船去人烟稀少的小岛，问路很艰难。地图上详细地标出了环岛巴士去安藤忠雄设计的直岛美术馆的往返时间。如果没有这张时刻表，我很难冒着滂沱大雨玩遍这个古村落和最现代的装置艺术混搭的岛屿，最后还能及时赶上了回仓敷的船。

推荐：免费地图
场所：JR 站点绿色窗口，观光景点交流中心

餐桌烘焙用品的深藏地

在历史悠久的浅草寺一带，容易被淹没，一是人，二是风景。那天奋力从浅草寺汹涌的人潮里穿出，猛然看见地铁站旁一条小街，街道上空飘动着巨大的“七夕祭”装饰物，街边挂满了祈愿的彩色纱皱纸。从小街回望来处可见东京新地标晴空塔的远景，再往前走就到了合羽桥道具街。800 米的一条街，聚集 170 家店铺，其中许多店是明治时代创立的。

街上人影稀少，有些寂寥，像一条秘密的河流，翻腾的地方只有水草知道。随几位路人挤进窄窄的店门，大家突然都像从地里冒出来的树桩一般，而脸上挂着惊叹号。

这条街是厨房和料理用具爱好者的天堂。从第一家卖咖啡器具的开始，每一家店都会留住人的脚步。

最简单的日本料理也是一个器

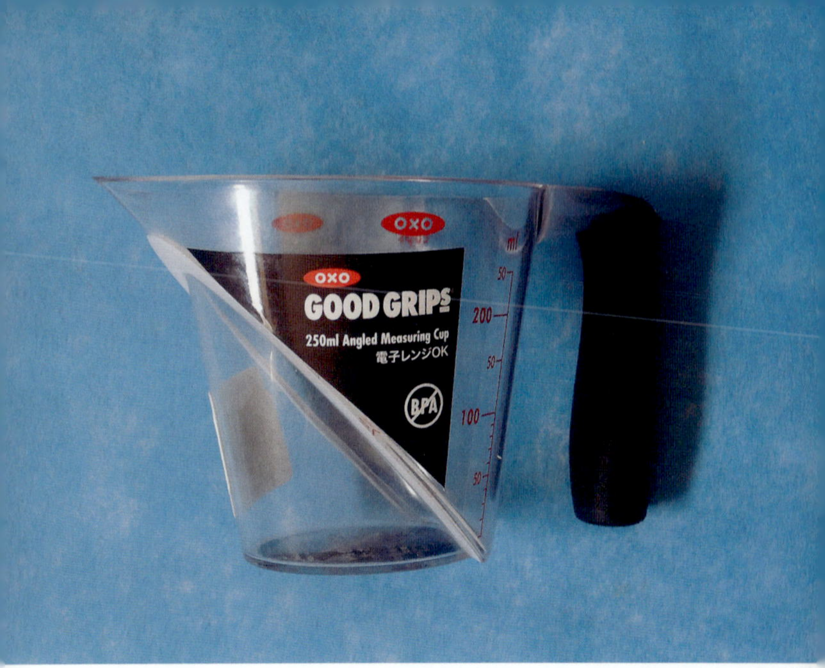

物的小宇宙。动手做日料的时候，最先入手的会是和风器物，买哪一种勺子有时几乎就代表了一个人。这里有一家“和の器”，出售来自日本各地传统名窑的和器，信乐烧、九谷烧、益子烧等，相比市场价常常有 20% ~ 70% 的折扣。日常器物中蛮爱粗陶盘，用它们来装细腻嫩滑的刺身就是绝配，仿佛菊与刀、谦和与凶残、少女与死亡的戏剧组合，无法割离也无法融合的美。

西餐的各种刀叉、盆盘、色拉大碗，做甜品、蛋糕用的各种模具和最稀奇前端的电动工具，咖啡用具，这里也都能找到。

一路上刀具店的店招飘扬，感觉似有重重杀气。可如果手提行李能穿越空中安检通道，我一定还想多带几套厨房刀具回去送人。曾经买过一套厨房的刀具已经用了十年，依旧如新，熠熠生辉，使用自在。

现在的厨房用具除了功能以外，

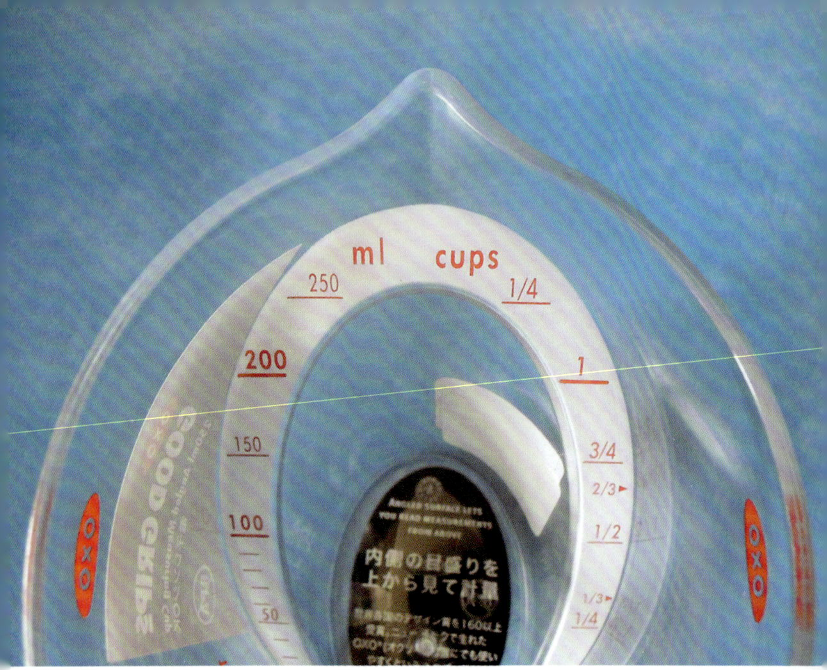

越来越追求设计感。即使是一个汤锅的把柄，也可以设计出不平庸的感觉。六本木 TOKYO MIDTOWN 里买下的计量杯，在道具街的一家店里也能淘到，出自同一个意大利品牌，价格却是便宜了许多。

流连再三，我差点错过一间很喜欢的色拉勺的店铺。店主大叔听说我明天要回国了，就把我领进已经关门的店堂里，从几乎不能转身的满满的货架间隙挤进身子，找出我要买的色拉勺。

我对着满面笑意的大叔不停地点头感谢。在东京大店最殷勤周到的职业笑容里习惯购物的自己，还是感动于下町街店主人如此淳朴的笑容。

推荐：设计款计量杯
场所：かっぱ橋道具街（合羽桥道具街）
交通：田原町站（银座线）步行 5 分钟；浅草站（浅草线）步行 20 分钟；上野站步行 15 分钟

器

我第一次被日本的器惊讶到，是在那本得了诺贝尔文学奖的《千只鹤》里。

川端康成自己解释《千只鹤》时说过，如果认为这本小说写的是日本茶道的美，那就错了。

这本纤细哀怨的小说读起来像黄昏时的雨天，却又有着慑人的气息。书中茶道世家留下的茶道具件件年代久远——织部黑陶碗、唐津茶碗有三四百年历史，志野彩陶茶杯的命运也诡谲离奇、辗转曲折。几盏细致保存的茶碗竟是几代人用过的，交织着主人或深情婉转或怨恨激愤的人生。到书的最后，那些故事深重的茶碗有的被卖到古董市场，不知去向，有的被主人摔碎，自行去了结一段命运。

《千只鹤》中译本 2003 年出过一次“图文珍藏版”，是我最爱的版本。封面是日文版出版时川端康成选定的千鹤图案，原本绘于包香料的纸上，出自江户时代名家尾形光琳之手，呈现川端式“春空千鹤若幻梦”的趣味，高度契合了那段幻梦的、美但罪恶的感情。

也是在这本书里，我第一次看到了菊治和文子家传的志野彩陶碗。粗粝的质地，素朴的造型，那碗口的一抹红色正像是书中太田夫人浓到化不开的罪与哀愁。

因为一本书我产生了对日本茶陶器的深深爱慕。

后来又在博物馆看过质地粗粝、黑红两色、不描画的乐烧茶碗，有的还有着细细的缝隙和烧窑后在茶碗上留下的釉迹，匠人的心思和经年使用后的沧桑，让人心生喜欢。和同为日本传统瓷器、漆器相比，日本的某些陶器质地外表追求粗砺的美，其中乐烧茶碗更是突出代表。这些茶碗的审美，质地的坚硬、自然纹路和烧窑的流痕都是对茶圣千利休简素茶的执念的回应。格调最高、价值最贵的伊贺陶，粗犷、坚固的表面，一点点上水，就会发出鲜艳的光泽，茶道中的规矩也是在使用茶碗前，先用水让它充满润泽。这种细腻的低调美是容易忽视又容易上瘾的。

日本可以被称作“陶器列岛”。从南到北，除了历史悠久的六大名窑，散落各地的陶器产地多达六十个左右。每年在数不清的户外市集、古董市场、产地的陶艺工作坊、高级百货商店，可以仔细摩挲那些有眼缘的茶壶、茶碗、茶杯、茶托，以及尺寸不一用来放茶点的陶盘，连小小的搁筷子的摆件都有成千上万的花型和釉色。

可惜的是自己还没有机会去日本的名窑。只在冲绳旅行时，最后意外发现冲绳的壶屋陶器也是不错的美物。炎热的那霸，走很远的路，黄昏中来到壶屋陶器街。每一家小店，宁静，朴素。工作坊里的店员也不吆喝买卖，都埋头做手中的活。有一家杂货拥挤的小店，是冲绳指定的文化遗产老铺。20 世纪 60 年代式样的玻璃柜中有国宝级手工艺人的冲绳陶器。店里轻轻放着爵士乐，没有人会来打搅。

由于旅行时间的仓促，错过了冲绳读谷村，那里有不少当代陶艺手作职人，每一家店铺都有自己的土窑。

那么古老的器物，也可以毫不违和地与新的设计构成时代的混搭。日本茶道协会的中村孝则先生在 NHK 电视节目里讲授茶道时，常用平安时代破损的陶器做清洗茶碗用的建水*，茶箱却是奢侈品牌的高级定制，茶具又是朋友的新派设计。

日本的器物，最迷人的地方就是它拥有几百年历史还存活在日常生活中。

推荐：志野茶碗
场所：东京上野公园露天市场
交通：上野站步行 10 分钟

* 日本茶道中使用的茶具之一，用来盛装温润茶碗的水。

手工织物

最早是在川端康成的《古都》里认识了京都的“吴服一条街”西阵和典雅的“友禅染”。这是在繁华的京都洛中，一条僻静的小巷子，小格子围栅后，成排昏暗的小铺子里聚集着当时最优秀的织工，长年埋头在手工织布机上，织出最华美的和服，而西阵一带几乎就成了京都丝绸锦缎织物的代名词。

川端康成以对京都的眷爱和对光琳派的趣味，细腻描写了兼具名士气质的丝绸批发商佐田太吉郎在新时代的孤矜和坚守——太吉郎家中的两个古色古香的桐木衣橱里装着祖辈传下来的中国和日本的古代织锦、日本传统的能乐戏装和宗达光琳画派的花草图，但遵祖训从不肯参加织锦展览会。他练书法，也收藏江户时代的泥金砚台和高野古字断片，欣赏明惠上人坐禅的肖像画……这样一个古雅的人，只能躲进嵯峨清净的尼姑庵，拿着女儿送给他的西方抽象派克利的画集冥思苦想，想画出与日本和服腰带传统的古画断片不同的西式图案。这样费尽心思地创新是因为当时已经有了一天能生产出500多条和服腰带的现代化企业，而手工和服的一小块或一小角都得由50张纸型叠画而成，手工的古雅和服已经比拼不过流水线的生产。他极不愿意祖传的手工也变身这样的流水线，所以尝试改良日本传统图案来适应时代的剧变。只是西洋画风的腰带连他自己也不喜欢。日本和服的腰带终究还是配上绿叶的菊花，或者是光琳画派笔下的蕨菜或花草图案更为妥帖，而友禅染独有的配色也是像为和服而生。

《古都》里一边是清冷的寺庙、叽喳的手工织布机、昏暗的家庭染坊、北山的孤傲竹杉，另一边是现代化企业、职工参股、年轻而有活力的千重子，两种截然不同的氛围构造了两重的京都。

等到后来去京都，离《古都》里描写的世界又半个世纪过去了。当时就停工来减少库存的西阵吴服街已经彻底消失，只留下博物馆似的西阵和服会馆。消亡的过去在各种现场表演中涅槃——有头发花白的老织工在织布，也有50多道纸型叠画工艺的友禅染体验，可以看到华美隆重的和服秀。

我们死死想念有些时光，或许是因为记忆中前世里来过那些地方，譬如京都的某条小街、某间小铺。《古都》里手工艺人在每一件织物上都留有内心的温度，像《古都》中秀男为千重子和苗子织腰带时倾注的耐心和思念。但西阵已经完全不在，那个时代确实已经过去。

推荐：京友禅染小包
场所：東京都豊島区东池袋1-1-2，紙のたかむら
交通：池袋站步行5分钟

环保系

车站铺影

赤羽这个地方，是地铁东京圈的最后一站，再往下乘就不能叫东京都了。这样的地方，因为交通方便，勉强也挤进了城里，房价又公道，所以一直人气旺盛，有着一股子红尘滚滚的热烈味道。

赤羽车站出来的商店街里，有一家全东京有名的连锁复合书店 TSUTAYA，一楼许多新书，二楼许多录像带出租（没有盗版的碟片可以买）。十多年前住赤羽的时候，最热的七月夜里，常匆匆去 TSUTAYA 还录像带，又兴奋拿回刚刚借到的录像带。有点饿，慢慢折回商店街里，走进熟悉的老铺回转寿司店，在吧台坐下，吃好寿司师傅细心捏出的当季鳗鱼卷，再加一颗当地的梅子，很安稳的小幸福。后来，赤羽车站改建，有许多美食新店进驻，给老旧的车站带来时代餐饮的烟火气。一家车站小铺叫 STATION STEP，每天有定食，固定的肉料理、鱼料理，有简单的色拉和汤，配面包或者香喷喷的日本米饭。喜欢自由搭配的，也有好几种美味可以选择。轻简餐，盘子和碟子一样用心搭配，就是日本的样子，细节也追求极致。

说不出属于哪国风格的餐饮，几乎每盘都是混搭上乘的多国籍料理。白天常吃的是芝士蔬菜咖喱饭，芝士浓香稠黏，咖喱微辣金黄，十几种蔬菜花红柳绿，可因为铁板火热滚滚，每次只能耐心等着。就是等饭的时候，我发现了这家铺子有意思的地方——小书架上的漫画书，这套关于赤羽的漫画书，是一名赤羽年轻孩子画的。读到自己住着的平常地方居然有不少奇怪的人和事，被他考古队一样挖掘出来，大大地吃惊，常忘了铁板上的芝士早已冷下去了。

开放式的铺子不大，客人只有十位左右。晚上去的时候，喜欢坐在吧台上，看年轻调酒师埋头调饮料，做甜品。于是发现了第二件有意思的事，甜品的菜单中有一款叫赤羽冰淇淋，是用赤羽当地最有名的“太郎烧”配抹茶冰淇淋做成，现地现材，用意足够深厚。夜深人散，

用甜品喂饱肚子是最不容易生出乡愁的办法。酒单里还出现了赤羽当地一家酒厂的名酒。

以后每次在赤羽站换乘，我总要去这间现地取材的小铺，点一份赤羽冰淇淋，兴致勃勃地看完最新连载的赤羽漫画书。

推荐：漫画书
场所：赤羽车站美食街，STATION STEP
交通：赤羽站（京滨东北线 / 埼京线）

一块手帕的教养

读《阴翳礼赞》的时候，敬慕前辈唯美文学大家谷崎润一郎的高洁品位。他连光线都要讲究纯日本风格，如厕都梦想远离庭堂，在绿叶飘香或者苔藓流芳的林荫深处冥想。这样的孤高大师，在今天的东京可能只好变身在家喝喝小酒，练练书道，在文学殿堂的庇檐里埋得更深，把过于明亮的空间塞进黑暗的宅男。

对风雅和优美投以深深的爱慕，

对高洁和矜持的情操不失信仰，这样纯传统的生活方式已经一去不返。但是那些优美、风雅的细节生活文化还有许多顽强地留存在日式日常中。

手帕就是小小的一个细节。在纸巾已经全面侵占我们的口袋，手帕厂早就倒闭的上海，那些只在小说、画报和电影里见识过的麻质、真丝、缎子的绣花手帕，显示女子娴雅的仪态和细密心事的一番美丽，已经成为历史。而在日本居住多年的女友，受环境影响，三十岁以后重新养成的好习惯，就是一年四季用手帕。有品牌手帕，也有我一直喜欢的绣花麻质手帕，夏天用一面是棉布一面是毛巾布的那种手帕。最眼馋的是她一抽屉的滨文样（HAMAMONYO）的手帕，春有樱花飞雪，秋有鲤鱼游池，夏日紫阳凝露，冬天冰透雪莹。一起赏花吃饭后，独见她从口袋里袅袅拿出一块手帕，轻抹细擦，姿态自然，见

草履
下駄

和装小物

识了一块手帕的教养。

滨文样是横滨的一个手帕品牌。如果只在历史和传统里找灵感，灵感很快枯竭也是正常事。滨文样吸引我的，是它的设计里强调“上品的游玩心”。手帕的创新设计曾获得2007年、2008年日本GOOD DESIGN大奖，其中一个是取名“日本的事体”的系列手帕书。永井荷风笔下的日本之夏，竹影、盘香、浴衣、团扇、风铃、冲水木桶、障子门、竹帘、夕颜花……在布上一一画出，折叠缝成一本可以读的书，拆开缝线就还原为一块绘满夏日凉景的大手帕。滨文样现在按季节出新品，也有网购服务，完全是现代品牌商业运作的模式。

一方小小的手帕，可以是旧时的教养，也可以是今日里最浓烈的玩心。

推荐：滨文样手帕书
场所：JR东京站商店街，濱文様（HAMAMONYO）专柜

夏日街市

百合散尽，传说中会变色七次的绣球花也已经凋谢，梅雨之后，夏日炎炎的日本就来了。萤火虫、轻罗小扇、风铃、灯笼、浴衣，这些是日本夏天特有的气氛，全世界摩登都会里看不见的旧日风景。

永井荷风在《夏日街市》*里写道：“将东京这座城市的生活打扮装点得最为俊俏的当属夏季。基本上属于热带特征日本人的生活最为活泼灵变，令人心旷神怡的，而且还展示出在其他种族中难以睹窥到的特征的，当推夏日的黄昏。……虫篓、飞罗小扇、蚊帐、青帘、风铃、苇箔、灯笼、盆景，诸如此类洋洋洒洒的器物与装饰品，在其他国度难以见到。”

时光流转到今日，这些景色也几乎不增不减，就在那里。六月底，最时尚的杂志都会做“萤狩猎”专题。曾经在东京四季酒店从下午茶时分

开始等窗外云霞掉色，然后提着灯笼在微黑薄暮里来到假山前，和当地人一起看蓝光幽然中萤火虫飞来转去，直到天色全黑。

在日本，衣、食、住、行都讲究节气。夏天是鳗鱼最好吃的时节。日本人吃鳗鱼的历史甚至可以追溯到最古老的《万叶集》。经历了一冬一春，到了七月“丑の日”那天，就是满城鳗鱼。鳗鱼身长体肥，烤过之后表面金黄，又有一层蝉翼一样的透明酥焦，香气扑鼻，鱼肉丰腴鲜嫩。人间一等美事，总是短而易逝。只消过了这弥足珍贵的时光，日本的鳗鱼周算是彻底过去了。这时，超市里冰鲜鳗鱼再端上桌来，你哪怕饥肠辘辘，也绝对没有很好的胃口了。从那时起，就日思夜想，等着明年的夏天，再一期一会。

日本夏日还有一件让我牵肠挂肚的物事——风铃。这件物事最适宜挂在传统日本大屋的屋檐下。前几年的日剧《萤之光》中就有这样一间挂着风铃，可以赤脚在廊上坐下喝啤酒的老屋，让人忘了剧情也忍不住想念。住在海边小小的日式旅馆，夜晚是带着一些海味的浪声拍岸，白天是大堂门厅脆生生的风铃舞动，像是风踮着脚尖轻轻走路的脚步声。

在 LOFT 那样年轻人逛的店里，一到夏季，风铃总占据最显眼的位置，玻璃的、铜铸的、陶瓷的、聚酯的、木头的，全素的、彩绘的……总有一款能够留住这一夏的清风。

终究，慢生活也不只是一种经济实力，而是一份年复一年的持续日常。

对照慢吞吞的日常生活，夏季的 FUJI 摇滚音乐节最像是一支强心针，遥想八千顶户外帐篷，三四万人的人潮涌动，是另一种节奏的夏天。

推荐：金鱼款竹编食物盛器
场所：東京都渋谷区宇田川町 21-1，渋谷ロフト（LOFT 涩谷店）
交通：涩谷站（山手线）步行 5 分钟
＊《断肠亭记》，河北教育出版社，叶渭渠主编，汪正球译。

包装

日本当代最优秀的平面设计师之一深泽直人在以“物的八分目”为标题的演讲中谈到，他在 2011 年日本大地震之后，看到大量的日常用品瞬间变成巨大的废墟时受到的强烈震撼，让他认真思考“到底有多少产品最终是被浪费的，又有多少产品是可以重回大自然的”。在日本，每天有 600 万份便利店的产品是被扔掉的，如此巨大的浪费刺激了做设计的他。在新的无印良品的设计中他率先提出了“物的八分目”的概念，连小小的卷筒纸也节约了 20% 的用量，并以此在全球无印良品店推广。

满足正常需求的 80%，就是“物的八分目”，是古话“饭吃八分饱”在设计界的活用。如果这一概念能用在日本产品的过度包装这项上更好。

无印良品推广的简包装概念在

日本依然还是少数派。重视送礼的国家，在最普通的超市买一支笔，只要告诉店员是送人的，是礼品，也一定会得到妥帖的包装，如深泽直人评价："这是一个非常奇特的现象，日本就是这样一个国家，即便是最便宜的小东西，生产者也会在能做到的范围内做到最好，而不会因为东西便宜就不当一回事。"对待包装他们的态度也一样一丝不苟。

身心纤细、注重生活美学的民族，对包装这样细节的美从来穷心追崇。最近在世界环保风潮的影响下，一部分日式包装也有回归简素传统的趋势。沿用至今、最具历史传统而又符合循环使用理念的就是"风吕敷"*。我在老牌茶铺伊藤园买了铁盒罐装的茶叶，营业员推荐用素雅的包袱皮再包装一下。包袱皮配色细腻，依然是川端康成时代的那种风雅，而且可以重复使用。

有一次在热川旅行，早上离开

旅店的时候，旅店的女将为我们的午饭准备了饭团便当。这份便当的包装也是传统的美物：饭团用竹叶包起，同材质的竹片做了可以循环使用的外盒。不但雅致，内衬还保温，一份很难忘记的便当。

买过日本出名的小黑瓶眼药水，也买过预防花粉症的眼药水。最普通的眼药水没有花俏的包装，可用过的人会发现每个眼药水瓶都配着一个小袋袋。问懂行的人，得到的解释出人意外，这个袋子是专为预防眼药水见光后更容易变质而设计的。我只有在买价格不菲的精油时才得到过如此的包装待遇。其实眼睛更矜贵，细节不能马虎，这个避光的小袋子也可以重复使用。

除了这些，我还囤积了许多精致的包装盒、包装纸。许多包装的设计也费尽了心血。哪怕只是一张包装盒里的插图画片，我也无法一次使用后就扔掉。重新装礼物或者用来包书，那些美可以再一次如花开放。

推荐：各种礼物包装盒、包装纸袋

＊历史悠久的日本传统织物形的一块包装布。风吕敷织物本身的花纹美丽，包法各式，自由兼容度大。近年来作为可以代替塑料袋和各种食品外包装的环保物重新得到了认可和推广。

夏的花物诗

我喜欢的日本夏天，是从六月就开始的。又黏又湿的一个月，梅雨里，一心还想着要去的地方必定是镰仓。一早乘了早班电车去，跨过锈迹斑斑的露天铁轨，直奔镰仓明月院。古旧寺院里种着许多绣球花。沿着湿湿的石台阶向上走去，两边就是大片大片的绣球。白色的花心，外边是骰子状的灰紫、粉紫或者玫瑰紫花瓣。平日里看着极普通的花儿，就是因着这雨水，像是换了魂似的勾人。再看看寺院，竟因为这些绣球花而有些失了往日的庄重枯淡和矜持。

还想去的是京都的岩船寺。和京都的许多寺院一样，古老的岩船寺创建于奈良时代，是当年僧侣的冥想之地，幽静安宁。庭院中水池形状像梵文“阿”字，名唤阿字池。从五月起绣球花、黄菖蒲、睡莲、

百日红……相继开放。寺内烟树葱茏，碎花婆娑，山野水清，一路走过，也遇到寺内的住持亲切庄重地讲佛法，释花语，不知觉中俗世里浸泡了大半年的心地无端也安详稳妥起来。

短暂而美艳的烟花，拼死绽放，姿态决然，也是日本的夏日花语之一。从七月开始，全国各地每年都有让整个国家燃烧起来的烟花。

印象中最纷繁的一次烟花大会是在伊豆的热海。有充沛的前戏暖场——热闹的祭大神传统巡街游行、闪着银星的天幕下澎湃的太鼓演出、街市上浓浓的土豆奶酪味，小孩子们专心玩着传统的钓金鱼游戏……

等着淡淡天幕变成苍茫星海，海上烟花大会就上映了。百合、绣球、玫瑰、蔷薇，那些春夏的烟花闪着金色樱色紫色白色的亮光升上海面，瞬间又像是跳舞的仙子一路撒金粉一样滑进湖中，悄无声息。

最有名的是隅田川烟花大会，

有二百年的历史。十万都会人倾城出动，阵容几乎囊括了全东京的美女。永井荷风笔下，江户时代的烟花大会是"身系窄细腰带，浆洗浴衣，支起玉腿的坐姿，新浴后淡施脂粉"的盛景。作家不由感叹："如此温馨诱人舍此夏日夕昏，更复他寻！"

眼前，永井荷风的夏景已经被完全复刻，烟花节夜晚的地铁车厢像是直接从江户开过来的，一队队穿着音羽屋方格、水珠纹、麻叶等花纹传统浴衣的日本女子穿越而来。木屐在街头路面移过，轻轻哒哒的，一张张精致妆容却是最当代的日式漫画里的东洋美女。

而等到天空中烟花散尽，变装记一般的狂欢派对里袅袅的身影在漆黑的夜里消失，七月也就快过去了。

推荐：日式浴衣
场所：东京湾隅田川周边、浅草寺周边
交通：浅草站（银座线/浅草线）

旅行随身私物

绿叶闪闪发光的日子，最喜欢看杉浦日向子的"江户系列"手绘书——江户的人，江户的事，玩乐之道中玉石混杂，且相互刺激，看得很过瘾。有一篇讲到江户人的旅行，就是讲究慢游。当时的年中全民休假可以多达十一天，而江户人只安排去一次箱根。准备的旅行器具也很细致，生活用品外还有裁缝用具、小灯笼、毛笔，最考究的是江户人为旅行准备的那一个藤编小茶箱，"注春"（茶壶）、"分盈"（分勺）、"啜香"（茶杯）、"茶节君"（茶炉）样样具备，只为在旅行中享一口好茶。

日本职人的用心，就像深泽直人说的，"在日本，不管东西贵还是便宜，都会尽力把它做到自己认为最好的。"旅行的东西，体量要小巧，功能又要精到。小而精，这

两点正是日本设计师和职人的匠心。

自己每次旅行随身带的东西有几件是固定的，都是用了十几年依然舒服顺手。也因为经了时间，比买来时更晓得它的好处。

之一，按摩器。一向视长途飞行为畏途的自己，有两件法宝。一件是向空姐讨一杯红酒助眠，另一件就是欧姆龙公司的小型按摩器。电子按摩器只有一个手机大小。几个小时飞机坐下来，不管是住高级酒店还是民居客栈，两节5号电池可以扫除肩颈腰背的疼痛。如果再带上无印良品的手臂滚珠按摩器，还可以赶走提大件行李带来的疼痛。

之二，蒸汽眼罩。现代人过度使用手机等电子产品，让双眼承受了巨大的压力。日本药妆店转一圈，眼药水也是乱花渐欲迷人眼。其中旅行必备款可以防止过敏，缓解用眼疲劳。乘坐长途飞机时常常看机上电影，四部电影下来，最需要敷上蒸汽眼罩。闭上眼睛，温热的蒸汽满满包裹眼周，黑暗里得到最彻底的放松。

之三，小剪刀。TOKYU HANDS 买的小剪刀，看上去就像一支漂亮的文具笔。没有外露的锋口，放在随身的化妆品包内，也可以轻松过安检。

之四，环保筷子。因为喜爱当地的小吃摊风味，有一双带筷盒的筷子非常实用，也符合在旅行中尽量不增加当地资源消耗的旅行理念。

之五，可折叠的鞋。同事送的，无印良品的货。非一次性消耗品，可折叠携带，可以清洗，酒店飞机都可以循环穿着。

喜欢日本的美，是因为美在生活内里。在柳宗悦的“民艺之美”的手册里，一只碗，一把扫帚，也应该是美的。而这样的美，不纯是装饰的美，也是在设计上考虑了功能的细分和使用的合适度。

推荐：欧姆龙小型按摩器
场所：東京池袋西武百貨店
交通：池袋站

健康

在东京街头逛，感受很深的一景是街头无胖子。老老少少，男男女女，都是精瘦纤细。有一次和好友乘新干线去外地，在车站看到的中年人，男子多数风神俊朗，女子纤细时髦。女友最后没有忍住叹道，到了中年还能有如此体态，平日里该是下了多少苦功？

到欧美旅行，周围个个人高马大，那是上帝偏爱，天生好命。十多年前，第一次去东京，像走进电影片场。年轻男人全都高大有型，而不是我印象中的短矮身胚；女生虽不修长，但基本骨骼娟秀匀称。1945 年全民战败后的国家，吃的便当只是白米配一颗乌梅的家长，怎么能养出如此一代？

人的体质一定是可以改变的。最有能量的是牛奶和运动。日本战后经济困顿，食物也不比现在泛滥。

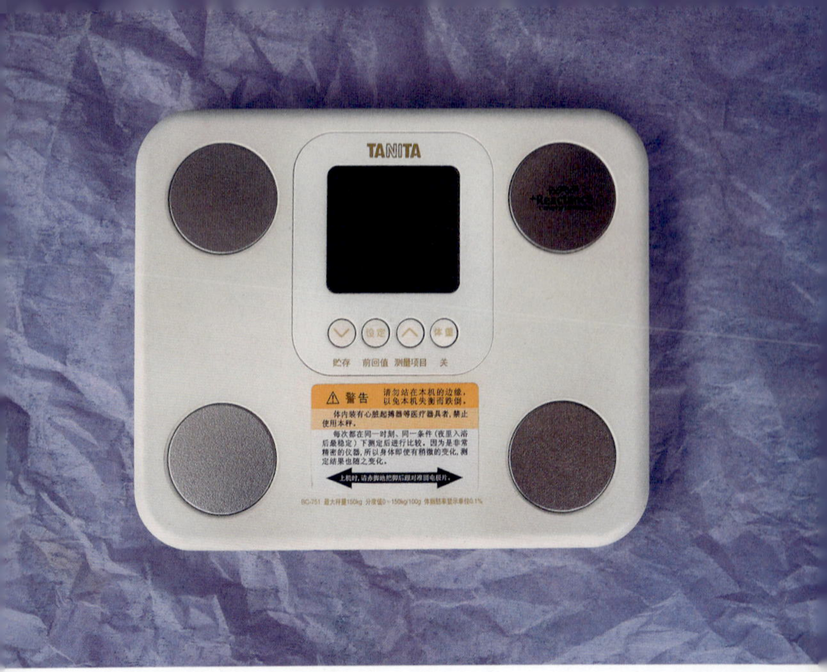

不过，对小学生的牛奶供应没有停止过。再加上不间断的运动，战后一代的身高已经明显改变。在民族遭到全世界抛弃的时候，培养出体魄健康、心智卓越的下一代，成了当时的一代日本人最崇高的秘密。

到了 20 世纪 70 年代，日本经济腾飞，食物已经饱和，防肥胖一下又成了另一个社会热点。日本是个长寿国家，按照现在长寿老人增长的速度，到 2060 年，日本每 2.5 人中就有一名 65 岁以上的老人，每 4 人中就有一名 75 岁以上的高龄老人（日本内阁平成 28 年高龄社会白皮书）。为让日本老人健康地过好有品质的晚年生活，同时也降低社会医疗福利的支出，日本政府从进入 21 世纪开始，推出了面向全体国民的“健康日本 21”计划。“食育教育”从幼儿园开始，让孩子从小养成健康又营养的“一日三餐”饮食习惯。对中老年人群，有“特定保健指导制度”，体检中增加一项“内脏脂肪检查”，只要超过标准指标25，就算现在身体没有任何不适，也被判定有“三高”病症前兆，必须及时接受改善性检查。如果没有去检查，相关保险单位还要接受罚款。国民健康成了举国的大事。虽然，以胖为乐，或者以瘦为美，是个人爱好自由，日本政府推出的强制性检查制度一直还受到争议，不过，健康运动、健康减肥是现在日本最流行的国民游戏。

中老年日本人中之所以胖子少，确实是和他们自己的自律和执着健康的生活方式离不开的。

之一，在日本能吃到世界各地的美食，西餐也相当普及，不过由于岛国优越的环海地理位置，鱼料理、米饭为中心的健康饮食始终是日本餐饮的主流。最近几年，追求自然素材、少油脂、少糖、少盐的低卡餐厅相当流行。可以检测体脂肪率、内脏脂肪率、体内年龄、体水分率等的TANITA体重计也十分红火，方便人们及时了解自己的体重情况。

之二，发酵食品和营养元素补充剂长年热销。日本传统食品味噌被重新开发，天然发酵食品得天独厚，减盐味噌更讨人喜好。最近几年畅销的盐麹和酵素保健品都是殿堂级健康减肥品。《体脂肪计TANITA员工食堂》的定食菜谱风行。便利店里包含一天蔬菜营养素的饮料，即食的大麦若叶青汁，都常年畅销。

之三，跑步，成了最热门的国民体育运动。村上春树的《当我谈跑步时我谈些什么》就像一道真实的日本风景，老小男女通吃。跑步关联产品，耳机、收音机、跑步音乐、腕带、跑步鞋、运动装、跑步器、水杯，创下一条欣欣向荣的跑步产业链。连男欢女悦的相亲大会也和跑步扯上了关系，搬到了晨跑的公园草坪地。

推荐：TANITA体重计
场所：百货商店运动楼层

不舍弃

有一次在日本书店看到一本名为《捨てない生活》的时尚杂志，有点惊奇，翻看了一下，原来是提倡“不用的东西或者用过的东西不要扔掉”、再利用旧物的生活方式。用一本杂志来做一种生活方式，是比较隆重的。其实在日本的日常生活里，一次性的消费确实非常多。瓶装水是日本人生活的必需品，每天的消耗量大约是天文数字；每天便利店扔掉的便当盒也是海量的。

但同样，再利用旧物也有一大把。书、CD、DVD，都有二手店，在秋叶原动漫一条街上有许多回收动漫模型的店。不舍弃的生活，也意味着在技术革新或者新时代到来后，许多旧的生活品和生活方式还能留存，比如租借录像带。尽管如今已经进入下载时代，东京的居民区历史悠久的 TSUTAYA 的录像带店依然营业到深夜。居民们几十年如一日在这里借录像带，赶在第二天深夜 12 点之前还掉，又借好新的带子。去年回东京时，去过东京最美书店茑屋。它是 TSUTAYA 的高端品牌，名家设计的复合型书店，开在安静不俗的代官山。一杯星巴克咖啡在那里消磨一天光阴，仿佛杂志的时尚大片。最留恋的是西楼的电影录像馆，人很少，光影淡淡，也没有咖啡，一头扑进去，却一天也出不来。录像馆可以借得到半个世纪前的老电影录像带，也可以借到最新的录像带，这才是茑屋的老本行——出租录像带。这种生活服务业依然留存。在十年前去过的录像店里，与十年前借过的录像带《危险关系》重逢，时光就像没有流逝。

最体现“不舍弃生活”价格的该是“古着”了。这个热词在中国时尚杂志上也扎根了。古着，虽然是时尚界创造的一个概念，却暗合环保的社会命题，所以在斗转星移的时尚界一直红得风生水起。衣服、鞋子、配饰，越古旧，越时髦，能搭配新物穿戴就是流光里的不老妖精。

原宿、涩谷、代官山、下北泽都有许多古着店。下北泽是小清新剧场的集中地。一个下午看完剧出门，发现细窄的街上都是脏乱差装扮的文艺青年。在剧场与剧场的缝隙间有许多有意思的小店。有一间古着店，狂野到库存万件，还有很多花枝招展经过舞台炽热灯光考验的演出服。在这里，即便是买下一条皱巴巴的、黯淡无光的围裙，也会比在高尚青山专卖店买的品牌裙子贵上两三倍。用高昂的价格追求廉价感，而将自己变成几十年前的活化石，是此时此刻文艺青年的作派，也是旧物再生最登峰造极的境界。

无论如何，时髦或者节俭，都可以好好地认真对待旧物。

推荐：环保筷子

场所：东京下北泽各种小店

交通：涩谷站换乘京王井之头线至下北泽站；新宿站换乘小田急小田原线至下北泽站

岁时记

法国女人把爱情当空气，据说法语中有关情爱的词特别多。而日本人因为独特的地理环境一直对四季超级敏感，日文中季节的词汇就特别丰富。春天赏樱，就有“初花”“初樱”“夕樱”“樱狩”“赏花便当”“赏花酒”“花篝”*。夏日有“江户风铃”“萤狩”“花火大会”。秋天则去古寺庙看佛像，“红叶狩”。冬天赏雪，“雪吊”**松树成了金泽等地最著名的景观；而“雪见障子”***也是冬季特有的词汇。因为四季分明，天生性格纤细的日本人对季节的敏感有悠久传统，日本最早的和歌集《古今和歌集》从开篇就可以强烈感受到日本歌者面对季节的姿态。

平安时代的《源氏物语》早早奠定了日式审美“物哀”的基石，清少纳言的《枕草子》三分之二篇幅和四季有关，“雪月花时最怀友”被学贯中西的矢代幸雄博士认为最能概括日本美是和四季交集的。著名的俳句一开始也设置了季语的作法。一本《岁时记》****更是详尽记录了日本人生活与自然关联的宝典。

在日本的商店里也能看出季节的转换。日本的和果子四季点心，春天是各种樱花图案的团子，夏季是冰凉的水羊羹，秋季是带馅的柿饼或者银杏叶状的糕点，冬季会有切成小方的雪饼。喜欢夏季的涩谷LOFT，每季有不同的主题商品周。老铺手绘画玻璃风铃、素淡的浴衣、小缸金鱼、手持的烟花、和纸的团扇、镰仓的棉麻手帕，日常生活已经消失的古意就因为这些小物件回转到身边，布满褶皱的日常生活也会像浸泡过水一样慢慢平摊开来。

有一年夏天，在京都三年坂闲逛，小店一家接一家，多是前店后厂，每一家店里都是辛勤沉默劳作的职人。有的铛铛铛敲铁，把刀嵌进已经打磨好的木柄里；有的在打造铜质茶筒；有的在用铁丝编出网状的食器。也看到穿和服的女将一步一鞠躬把客人送到门口。还有京都女在自家庭院前拿个水桶洒水，生出夏天的凉意。一个城市，像电影片场又分明是自然生活场景，说来容

易，但这世界上这样的城市，你仔细想了，也并不多。京都的夏天闷热，是那种皮肤裹在雨衣里不能出汗的热。我在“文之助”茶屋的小庭凳上慢慢吃完冰，走回坡上，看到一家制伞的小店。暗淡的店堂里老师傅埋头正在打磨细细的伞骨，并不招呼客人，我也只在那里细细地看他劳作，不吭声。少顷，师傅对我笑笑说，一会还要上漆的。离开小店的时候，我挑了一把洋红的和纸伞。不反光的和纸伞面上点缀着粉白的樱花瓣，细细的黑漆竹篾伞骨，长长的提柄。店外头正是京都的下午，没有一丝风，热得透不过气。撑着这把和纸伞，接着向三年坂上逛，不远处碧绿森森间就是清水寺壮观的悬空“舞台”了。

推荐：京都纸伞
场所：京都二年坂、三年坂小店
交通：京都站搭乘观光巴士至清水寺站，步行15分钟

*为了观赏夜樱的美而特意燃起的篝火。
**在京都、金泽等地的冬天，用绳子把松树吊起来，防止被大雪压坏，形成了特别的雪地景观。
***为了赏雪改造日本传统的格子移门，将其中一部分装上玻璃门。
****记载自然四季和年中行事的一本宝典。现存日本最古老的《岁时记》，是六世纪中国的《荆楚岁时记》，奈良时代传到日本。江户时代以后，日本的《岁时记》里还记录了俳句俳谐的季语。

便笺

百年鳗鱼老铺『伊豆荣』

10个
东京珍爱名额

TOKYO MIDTOWN　东京中城

传统和创新混搭的复合型商业中心，新业态的吃、穿、住、用的实验场。此外，购物中心内设有"生活的美"三得利美术馆。安藤忠雄、三宅一生、深泽直人、佐藤卓两代设计师联手的21_21 DESIGN SIGHT和富士照相机博物馆都在此商业中心内。

東京都港区赤坂9-7-1
東京ミッドタウン
六本木站（大江户线／日比谷线）步行10分钟

银座松屋百货

东京历史悠久的百货店之一，潮流与传统、本地与全球的融合。最特别的是有一间日本最早成立的DESIGN COLLECTION画廊，也是东京最早的设计商店。2011年开始，由日本设计委员会包括深泽直人、原研哉、佐藤卓在内的当下设计界大师策划的展览，所出售的商品全部由他们审看精选，兼顾经典和先锋品牌。

東京都中央区銀座3-7-19松屋
银座站（银座线／日比谷线）步行1分钟

丰洲电影院

丰洲地区是近年东京成功改造的新区典范。这家电影院地理位置优越，面向大海，室内由名设计师郑秀和担纲，一改日本美式影城的风格，建立起现代和风影院，首创日本"AFTER CINEMA"概念，面朝大海的电影咖啡店、电影相关的衍生品都是其特色。

東京都江東区豊洲2-4-9　ユナイテッド·シネマ豊洲
丰洲站（有乐町线）步行10分钟

无印良品旗舰店

独特的无印良品"未来屋"和家居概念展示、无印良品有机概念食堂，价格平民。

東京都千代田区丸の内3-8-3　無印良品
有乐町站步行8分钟

六本木之丘　森美术馆

53楼的美术馆，周一、周三、周日晚间闭馆时间延长到22点，主打世界当代艺术展示，附属的艺术品商店内容丰富。

茶道的橱窗新表现

经典抹茶红豆

東京都港区六本木 6-10-1　六本木ヒルズ　森美術館
六本木站（大江户线 / 日比谷线）

TSUTAYA 六本木书店

“最美书店”茑屋的姐妹店，更像图书馆，安静地在咖啡香中读一天有关建筑、设计、美术、摄影的书。
東京都港区六本木 6-11-1　TSUTAYA TOKYO ROPPONGI
六本木站（大江户线 / 日比谷线）步行 9 分钟；麻布十番站（大江户线 / 南北线）步行 8 分钟

鸠居堂

1663 年创立的京都老铺。东京店开设在银座。店名来自《诗经》：维雀有巢，维鸠居之。可以买到各种按季节推出的和香、和纸、文具。
東京都中央区銀座 5-7-4　鳩居堂
银座站（日比谷线）步行 3 分钟

BIC CAMERA

东京都最大的老牌电器连锁店，有各种家电和科技数码产品，物好价平，服务周到。照相机楼面有许多时尚的拍立得相机和丰富 MT 胶纸。
東京都豊島区東池袋 1-41-5　ビックカメラ池袋本店
池袋站步行 5 分钟

筑地海鲜市场

在那里饱食新鲜鱼生半日之后，可在市场外 350 家店铺购买日本特有的海鱼腌制品。
東京都中央区築地 5-2-1　築地市場
筑地市场站（大江户线）；筑地站（日比谷线）

各种手工集市

日用品中纯手工艺品越来越少。在名为“青空个展”的露天集市上汇集了 100 位手工职人用心打磨的独一无二的手作品，包括陶器、木器、玻璃器皿、服饰等等。青空集市每个周末举行，只要是晴天，这也是“青空”的含义。集市在东京都各地巡回，每次场所于官网公布。
www.aozorakoten.com

书中有关的参考资讯，请及时在行走的当地获取更新。

东京杂货店内

旅行与物

这些小物的味道，是每次回到上海以后才开始持续发酵的——其中不少混合着浓厚的东、西方交集的气味；可质地、性情、表达又只带着日式独有的修饰词。

这些小物，是这些年来自己在日本行走的棋子，时而前，时而后，也像一泓水反映着天空的云絮，有时浮出清晰的边缘，有时也会突然消散。它们是我眼中设计的日本、生活的日本，也是站在今天能回望

到传统和未来日本美的通道。

这些小物，有人、有事、有场所，都是日本生活中碎碎的美，也是穷极的美。让我恋想，是因为这些物不是刻意为游客呈现的景观，许多出自日常，来自时间，有着自己的体味。

与它们的结缘，有些是单纯从外观与功能去判定，更多是喜欢这些记忆的无心之美与长久耐看。

只有那些带着独有温度的身外物才会在久远的时间后与我一次次相逢。

这些小物有的时间久远，有些留下很重的使用痕迹，有些已经失去。它们只是一小部分纪念。这些物不是信息指南，也无法有保鲜期限。在下一秒都更新的时代，我愿意稍稍停留。

2016.12 于上海

海边的『枯山水』风格庭院

仓敷最古老的提灯店

推荐阅读

《日本文化史》，叶渭渠著，广西师范大学出版社，2003

《茶之书·“粹”的构造》，冈仓天心、九鬼周造著，江川澜、杨光译，上海人民出版社，2011

《京都流年：日本的美意识与历史风景》，奈良本辰也著，陈言译，北京大学出版社，2014

《日本意气》，藤本箕山、九鬼周造、阿部次郎著，王向远译，吉林出版集团有限责任公司，2012

《看不见的设计》，枡野俊明著，蔡青雯译，脸谱出版，2012

《日本のデザイン：美意識がつくる未来》，原研哉著，岩波書店，2014

《日本人と日本文化》，司馬遼太郎、ドナルド·キーン著，中央公論新社，2015

图书在版编目（C I P）数据

日本手信物语 / 石磊著 . -- 上海 : 同济大学出版社 , 2017.6
ISBN 978-7-5608-6832-5

Ⅰ . ①日… Ⅱ . ①石… Ⅲ . ①旅游产品－介绍－日本
Ⅳ . ① F593.136

中国版本图书馆 CIP 数据核字 (2017) 第 062725 号

日本手信物语

石磊　著

出 品 人：华春荣
策划编辑：江　岱
责任编辑：罗　璇
责任校对：谢卫奋
装帧设计：周　祺
出版发行：同济大学出版社 www.tongjipress.com.cn
地　　址：上海市四平路 1239 号　邮编：200092
电　　话：021-65985622
经　　销：全国各地新华书店
印　　刷：上海雅昌艺术印刷有限公司
开　　本：787mm × 1092mm 1/36
印　　张：4.5
字　　数：134 000
版　　次：2017 年 6 月第 1 版　2017 年 6 月第 1 次印刷
书　　号：ISBN 978-7-5608-6832-5
定　　价：42.00 元